明治人 大正人

言っておきたいこと

読売新聞大阪本社編

東方出版

明治大正人の志

川村　邦光

　先ごろ、惜しむらくは早すぎた逝去をされた、民俗学者の宮田登氏は『冠婚葬祭』と題した書物を最後に残された。このなかで「老いの入り舞い」ということばを初めて知った。それは江戸時代に盛んに用いられたという。入り舞いとは、舞い終わって退場する直前に、引き返して、もう一度、舞うことである。役者の最後の花道、高齢者の最後の舞台での活躍ぶりを示している。それはまた、老後になって、人生をゆったりと楽々と過ごすことにも通じている。そして、高齢化社会であるがゆえに、この「老いの入り舞い」の付加価値が今こそ高まっている、と宮田氏は強調している。

　この「老いの入り舞い」とはすばらしいことばである。老いの意義がおとしめられている今日ほど、あらためて見直してみる必要があると思われる。老人は〝お年寄り〟などとやや薄気味の悪い、やさしいことばで語られてている。そこには、保護・介護を必要とする無能の厄介者、非効率的・非生産的な無用者といった、陰湿で侮蔑的なニュアンスが隠されていよう。すでに皺の数ほど世故に長けた物知りとするような考えはない。ましてや、老賢者といった燻し銀のような物深い趣を讃えようとする姿勢などない。老残の身として、隔離され隠匿され廃棄されている。「老いの入り舞い」を舞ういとますらなく、退場を余儀なくされているのである。

しかし、こうした事態は表層の薄っぺらな現実であることをくつがえす真実が発掘されている。『明治人・大正人——言っておきたいこと』はすばらしい「老いの入り舞い」が繰り広げられていることを知らせてくれる。ここに登場している人びとはたんに元気なだけではない。じつに生業というべきものをしっかりと身につけているのである。長生きの秘けつなど誰も口にしてはいないが、この生業を持続させる矍鑠とした姿勢、こころざしをたゆまず堅持するところにこそ、たくましい生き方があり、それを学ばなければならないのではないかと考えさせられる。

私が明治大正人として思い起こすのは、東北地方で出会った盲目の巫女さんたちである。今はもう亡くなっているが、宮城県栗駒郡築館町のある巫女はきわめて印象深い人だった。明治三〇年に生まれ、十一歳の時に失明し、この年、親元を離れて、師匠のもとに住み込んで弟子入りし、十六歳の時まで修行して「身上がり」となり、実家に帰って、巫女の仕事をした。八七歳で亡くなるまで、七〇年間にわたって、巫女として活躍したのである。明治三八年（一九〇五）、日露戦争中に東北を襲った大凶作は、幼いながらも、小学校の弁当とともに記憶されていた。熟練した巫女として仕事をしていた戦争中には、出征者の武運長久の祈願をする一方で、戦死者の霊を呼び寄せて語る「口寄せ」を遺族の求めに応じて行い、遺族を慰めつづけた。太平洋戦争が始まるとともに、口寄せのほうが多くなっていった。警察からは、流言蜚語や厭戦気分・思想を広めるとの理由で注意を受けたこともあった。しかし、民衆にとっては、なくてはならない存在だった。

この巫女は「七〇年は語りましたので、随分語ったのです。学校の友達なんか、誰も彼も、九分通り亡くなっています。私はいつまで残っていんのかなあと思っていんの。口寄せは見えなくなってしまったからやった商売。長い年数ですもの、苦しいこともあったし、厳しいこともあったですけど、商売で助かってきたわけだから、まず、これも師匠のおかげ、親のおかげ、神仏のおかげです」と、好物のたばこをうまそうに吸いながら話してくれた。七〇年におよぶ「人助け」の道であったが、神仏や師匠、親、口寄せなどを頼みにきた人びとに助けられながらやってこられたとする、謙虚なことばは、明治大正人の志と気骨を示していよう。

明治・大正期に生を亨けた人たちは、なによりも、戦争の時代を生き急がせられた世代だったといえる。そこには、親や師、友、恋人、兄弟・姉妹などとの多くの別れがあった。このような別れ、そして出立を支えた意志の力は、かつて小学校でオルガンの伴奏で歌った唱歌によって培われてきた心情にあるのではなかろうか。どのような唱歌が愛唱されたのかはわからないが、「あおげば尊し」に明治大正人の志を見出せよう。「互いにむつみし、日ごろの恩。わかるる後にも、やよ、わするな。身をたて、名をあげ、やよ　はげめよ。いまこそ　わかれめ、いざさらば」（『日本唱歌集』岩波文庫）。「あおげば尊し」の第二番の歌詞である。デモクラシーの風潮を身に受けて、立身出世というよりも、自立の気概とともに、友人や同窓のあいだで友愛をはぐくんでいくなかで、個性ある生業を通して己が道を歩んできたのではなかろうか。明治大正人の「老いの入り舞い」の観衆としては、〝お達者で〟ということばを贈りつつ、「老いの入り舞い」を見習っていきたい。

（大阪大学教授）

目次

明治大正人の志　川村邦光　1
欲少なく足るを知れ　精神科医　斎藤　茂太（82歳）　10
勝負は勝たなあかん　元南海ホークス監督　鶴岡　一人（81歳）　16
仕事も恋も信じる道を　俳人　鈴木真砂女（91歳）　22
賢くても心がなければ　京舞井上流四世家元　井上八千代（93歳）　28
データより子供と対話　小児科医　内藤寿七郎（91歳）　34
「守・破・離」の心構えで　書家　村上　三島（85歳）　40
自然保護の運動次世代へ　野性猿研究家　三戸サツヱ（84歳）　46
心にひびく教育を　大阪教育大学・大阪体育大学名誉教授　重田　為司（95歳）　52
対象に向かう勉強が大切　日本画家　奥田　元宋（86歳）　58
若い人を枠にはめるな　プラスチック研究者　大島　敬治（90歳）　64
希望摘んだらあきません　ファッションデザイナー　小篠　綾子（85歳）　70
休耕田なんとかせんと　栄養学者・京都大学名誉教授　満田　久輝（84歳）　76
日本の自然大切にして　写真家　緑川　洋一（83歳）　82
ものの命最後まで守って　人形作家　渡邊　うめ（91歳）　88
人のためになればいい　ボランティア活動　中村　定市（83歳）　94
言葉は時代とともに変化　国語学者　金田一春彦（85歳）　100

日本語の持つ曲線を大切に　歌人　斎藤　史（89歳）106
技術より心の有り様が大切　プロゴルファー　中村　寅吉（83歳）112
誇りと気概を持って　講談師　旭堂　南陵（81歳）118
世界に通用する女性めざせ　美容研究家　メイ　牛山（87歳）124
研究者は創意工夫を　ウイルス学者（大阪大学名誉教授）　奥野　良臣（83歳）130
目に見えないもの大事に　美学者　寺尾　勇（92歳）136
臨機応変〝気働き〟で接する　茶道家　塩月弥栄子（80歳）142
何事も天地自然の恵み　陶芸家（赤膚焼）　尾西　楽斎（88歳）148
正しい日本語の歌を　作詞家　丘　灯至夫（82歳）154
知恵働かせ応用力を　生活評論家　吉沢　久子（81歳）160
小さくてもいい独自の花を　詩人　坂村　真民（90歳）166
「歌」は心で歌うもの　声楽家　松田　敏江（84歳）172
現代の〝良妻賢母〟に期待　学校法人夙川学院学院長　増谷　勲（80歳）178
命こもったものを詠め　俳人　桂　信子（84歳）184
スポーツは楽しまなきゃ　日本野球連盟会長　山本英一郎（80歳）190
すべての動植物に存在意義　財団法人日本自然保護協会会長　沼田　眞（81歳）196
愛を持ってしかりほめる　大阪教育大学名誉教授　鳥越憲三郎（85歳）202
どこでも必要とされる人に　税理士　福森　寿子（81歳）208

正義はかっこいいものじゃない　漫画家　やなせたかし（80歳）214
医師は常に心を大切に　農村医学の父（佐久総合病院名誉総長）若月　俊一（89歳）220
老醜でなく〝老秀〟でありたい　婦人発明家協会名誉会長　九重年支子（95歳）226
常に今を生きよう　西日本旅客鉄道名誉会長　日本バレーボール協会会長　村井　勉（81歳）232
日本の伝統食見直そう　自然食料理研究家　丸山　光代（84歳）238
「好きだ」という気持ち大切に　京都大学名誉教授　岡村　誠三（85歳）244
人を引き付ける華になれ　俳優　島田　正吾（93歳）250
やりたいことするのが一番　市民運動家　飯田しづえ（90歳）256
空想的平和主義、軍国主義に類似　京都大学名誉教授　平和・安全保障研究所顧問　猪木　正道（85歳）262
探究心が学問的好奇心に　民族考古学者　國分　直一（91歳）268
変化の経過こそ伝統　画家　杉本　健吉（94歳）274
地域の研究は住民の手で　民俗学者・元駒沢大学学長　桜井徳太郎（82歳）280
科学の発達にも倫理必要　「藤居本家」代表　藤居　静子（88歳）286
国が滅びる時は言葉から　作家　川内　康範（80歳）292

あとがき　299

年齢及び肩書きは掲載時のままとした

明治人・大正人

言っておきたいこと

欲少なく足るを知れ

精神科医 **斎藤茂太**さん

「ぼくは八つまで一人っ子で育ったんですよ。だから一人っ子の一番悪いとこを発揮したわけね。まず人ぎらい、人がこわい、学校ぎらい。幼稚園でも登園拒否をやったの。入り口でひっくり返ってワーワー泣き叫んでると、門の前の交番のお巡りさんがぼくを抱えて園長室へ連れて行ってくれる。すると、園長先生が甘いお砂糖水を飲ませてくれるのね。それで、泣き叫ぶとお砂糖水にありつけるという公式ができてしまって、毎日これをやってたらしい」

〈祖父の代から続く精神病院の三代目。人の心をいやすのが仕事の〝茂太《もた》先生〟が、人ぎらい、学校ぎらいだったとは意外だが、その〝公式〟を見事に打破したのが孟母ならぬ猛母の輝子さんだった〉

母に社会ルール教わる

「ある夏、千葉県に海水浴に行った時のこと。おふくろと二人で歩いてたら氷屋さん

さいとう・しげた

1916年（大正5）3月21日、東京・青山で、歌人で知られる父茂吉と母輝子の長男として生まれる。弟は作家の北杜夫。明治大学文学部、昭和大医学部卒業後、慶応大医学部で精神医学を専攻。祖父が開業した斎藤脳病院（現在の精神神経科斎藤病院）の3代目院長になる。

現在は院長職を二男に譲り、理事長を務めるが、週2回外来で診察をしている。飛行機、旅行など幅広い趣味を持ち、日本精神病院協会名誉会長、日本ペンクラブ副会長、アルコール健康医学協会会長、日本旅行作家協会会長など肩書も多い。

西南航

があって、ぼくは氷水が欲しいとだだをこねた。例によってひっくり返って泣き出したわけね。しかし、いくら泣いても反応がない。そっと目を開けてみたらだれもいないの。泣き叫ぶぼくを置き去りにして、おふくろだけ一人でさっさと先に行っちゃってた。それでぼくは、世の中には別の公式もあることを学んだわけよ」

「万事がそういうおふくろでした。離乳を早めるには乳首に辛子を塗るといいと聞くと即実行。ぼくはギャアッと叫んだらしいけど、離乳は大成功。ぼくが辛党になったのはそのおかげだね。かと思えば四、五歳の時に銀座のカフェに連れて行かれたこともある。きれいな女給さんのひざに抱かれて、あの時はうれしかったなあ。

小学生の時も、ある日、日本橋の三越まで出て来いとおふくろに呼び出され、二、三歳上の叔父と二人で南青山から電車に乗って行ったわけ。ところが待てどくらせどおふくろは来ない。二人とも心細くてシクシク泣きだして。で、家に帰ると、おふくろは先に帰っていてね。『あんたたちが約束の時間に遅れたから帰ってきちゃったのよ』って。でも今思えば、たとえ五分でも遅刻はいけないという社会ルールを、おふくろなりに教えてくれたのかなと」

〈弟の北杜夫氏が書いた『楡家の人びと』は、大家族だった生家の斎藤家をモデルにしたものだが、東京・府中市にある茂太先生の自宅も四人の子供たちとその家族、五世帯十五人が住む〝複合大家族〟。円い中庭を囲むように五棟の二階建てが並ぶ光景はちょっとした壮観だ〉

「青山からここへ移って来たのが九年前。同居は長男の発案でしてね。ぼくはかねてから、子供の数が少ない核家族が現代社会の諸悪の根源だと言い続けてきたのだけど、いざ自分のこととなると不安もありました。でも、九年の間に自然にお互いのつきあいのルールができて、何とかうまくやってます。基本は『つかず離れず、くっつき過ぎず』。これはあらゆる人間関係にもあてはまると思いますね」

〈心理学用語でいえば「ヤマアラシのジレンマ」。これは哲学者のショーペンハウアーの寓話《ぐうわ》が語源で、ヤマアラシは寒いので体をくっつけようとすると針がささって痛い。でもいろいろ試すうち、けがもせず、適当に温め合える適正な距離をあみだす。「対人関係でもそう。くっつきすぎると傷つけあうことになる」と〉

「人間なんてえらそうにしてるけど、地球上の生物、動物と変わらない。生物の親子関係ってのは、強い子供を育てるのが基本原則でしょう。だから、キツネでもタヌキでも子供がある程度成長すると、巣から追い出すし、アホウドリなどは親が姿を消しちゃう。その間に子供は苦労して自分でえさをとる術を身につけるわけ。

今の子供や若い人たちは〝不足状況〟を知らない。満ち足り過ぎて。おまけに兄弟が少ないから親が手をかけすぎる。近所に原っぱはないし、がき大将もいなくなった。昔は近所に必ずがき大将がいて、ぼくもトンボを無理やり食べさせられたりしたもんだ。でもいじめといっても今のように陰湿じゃなかったし、けんかもどこまでやればいいかを、昔の子供たちは遊びの中から自然に身につけていったものだけど」

1歳の誕生日に記念撮影。茂太さん（中央）の後ろが父茂吉、左が母輝子。なぜか女の子のベビー服を着せられている（1917年）

根気が一番欠けている

〈精神科の外来にも子供の登校拒否や家庭内暴力の相談が増えているという。だが、問題はその親がすでに〝不足状況〟を知らない世代になっていることだとも〉

「今の人に一番欠けているのは根気かな。別の言い方をすれば免疫が足りない。心と体の両方についての免疫が。それはやはり〝不足状況〟がないから。結局、『切れる』とか何とかいうのも、みんな免疫の不足よ。それが短絡行動になる。今は一部のスポーツ選手を除いて、肉体的限界までやらせることがほとんどないでしょう。これが必要なことなんですけどね。昔はこれ以上大きな声を出せないと思うくらい大きな声を出さされたもんね。それが今は、例えば、学校でマラソン中に心臓まひを起こして倒れる子があったりすると、短絡的にマラソンをやめようとなる。先生が体罰なんかすれば親が文句を言ってくるし。

それともう一つ、心の要求水準が高すぎるってことが言えますね。今は新聞でもテレビでも、最高級のものを出すから、当然、そこへ到達したいと思いますよね。ところが途中を省略しちゃう。苦労してそこまでたどり着こうとは考えない」

〈「ぼくの人生哲学はいってみれば〝八〇％主義〟。つまり『少欲知足』。欲を少なくして足ることを知ることが大切」と。ところが今は、欲が多すぎて足ることを知らない人ばかり。最近は、病院を訪れる患者の七割がうつ病で、家庭の主婦も増えているという。「みな、孤独なんですね。今の人は」と〝大正人〟の茂太先生は嘆く〉

●聞き終えて

笑顔の美老年　80%主義で人生おう歌

銀髪の美老年（?）。笑顔が実に魅力的だ。「ぼくの患者さんは女性が多くてね」というのも、さもありなんとうなずける。「病院にただだべりに来る主婦もいるわけよ。話を聞いてもらうだけで一週間もつって。時にはぼくの写真をあげたりしてね」。あの優しい笑顔は心をいやす精神科医としての〝プロの笑顔〟なのだと納得した。

養子だった父と、お嬢さん育ちだった母。二人は仲が悪くけんかばかりしていたという。とくに母親の輝子さんは八十歳を超えて南極やエベレストに行くなど、今でいう〝翔《と》んでる〟女だったようで、「困ったおふくろで」といいながらも、そのまなざしは温かい。

昨年と一昨年、奥さんと二人で船で世界一周の旅をした。「さすがのおふくろも世界一周はまだしてなかったから、ざまあみろと見返してやりたくて」と笑う。「ぼくにとって、おふくろは一種のライバルでした」。息子からこんなことを言ってもらえる幸せな母親はそういない。

自宅の一室には色も形もまちまちの飛行機の座席が機内そのままに並んでいた。飛行機好きの先生に、航空会社が御用済みのものをくれたもの。羽田に航空博物館を建てるのが夢といい「良かったらここに署名して下さい」と私たちも署名を頼まれた。

〝八〇%主義〟で人生を楽しむ姿勢を見習いたい。

編集委員　音田昌子

（98. 4. 11掲載）

勝負は勝たなあかん

元南海ホークス監督

鶴岡一人さん

「今のプロ野球選手、『頑張ります』言うね。頑張るのは当たり前やないか、それでメシ食うとんのに。頑張る、いう言葉はいらんね、プロには。選手に怒ったんや。『オールスターに出るような選手になれ』と。ファンの票で決まるんやから。出るようになったら一人前。それをせんでおってね、えらそうにすなと。長うやらなあかんねんでと。ところが、年齢に限度がありますよ。いつまでもできないんですから。だから、無駄な金使うなよと、言うんやけどね。我々、貧乏を底まで経験しとるけど、あいつらなんぼ言うてもわからん。不足がない。ぜいたく過ぎる。ええ格好する必要ないねん。それを間違うとるのがおる」

「長野オリンピックは感動しましたよ。あの清水。こまいの。大きな男相手に、ようかったな思て。涙が出たよ。野球もね、感動するように、一生懸命やらなあかん」

親分「バカたれ」連発

つるおか・かずと

1916年（大正5）7月27日、広島県呉市の呉二河球場のそばで出生、野球少年に。広島商3年の春、選抜大会で優勝。法政大本科3年の秋、首位打者。39年の卒業後、南海に入団、新人で主将に起用され、本塁打王。翌年から兵役に服し、復員後の46年、監督兼選手として復帰、初優勝し、自身も打点王。52年の現役引退まで通算打率2割9分5厘、最高殊勲選手3回。53年から監督専任、68年退団。優勝11回（2リーグ分裂後9回）。現在、NHK顧問、スポーツニッポン新聞野球評論家、日本少年野球連盟名誉会長を務める。

〈広島商、法政大と進み、名三塁手として鳴らした。一九三九年、南海入り〉

「最初は、満州（中国東北部）の実業団に入ろうと思った。けど、いずれ軍隊にとられる。そうなると、死ぬだろうと。同じ死ぬなら、好きなことやって死のうと、プロに入った。職業野球はまだできたばかりで、世間に低く見られていて、『芸者になるんか』言われた。ワシは『新橋か赤坂の一流の芸者になったる』言うたね」

〈プロ一年で、陸軍高射砲連隊へ。九州を転々とする間に結婚。妻が一人娘のためにその山本姓を名乗った。五七年に妻が病死、一年後に再婚した時、鶴岡姓に戻る。特攻基地の鹿児島・知覧では米軍の空襲で部下五人を失った。終戦でプロ野球が再開され、近畿グレートリング（近鉄との合併で四六年だけチーム名を改称、翌年から南海ホークス）に戻り、監督兼選手で活躍〉

「軍隊の経験が役に立ったね。上が動かんと下が動かんですよ。指揮官が悪いと全滅や。食べもんも準備せんならんし、大変やった。米の配給はどんぶり一杯。よくけんかするんですよ、選手が。『おれのメシ食うとる』と。それで、畑作ったですよ、（合宿所のあった）中モズ（大阪府堺市）で。サツマイモを植えて腹の足しにした」

〈選手から「親分」と慕われた。「バカたれ」が口癖で、「グラウンドにはゼニが落ちとる」と言って選手を鍛えた。今では常識の機動力野球を目指し、「がめつい野球」と言われた。日本で初めて専任スコアラーを置き、スカウト制度を採用。ファームを強化し、野村、広瀬らを育てた〉

「日劇の三橋美智也を見に行ったんですよ。三味線やるでしょ。ほんと、あれやったらゼニ出して見ても惜しいと思わんね。さすがプロ。それにヒントを得てね。ファンがゼニを出して見てもいいというようなチームを作らんと、つまらんでしょ」

〈五一年から三年連続、さらに五五年とパ・リーグのペナントを握ったが、いずれも日本シリーズで巨人に敗れた。五九年、巨人を四連勝のストレートで破り、念願の日本一に。杉浦が四連投の力投を見せた〉

「巨人を倒すことが生きがいやった。だから、打線を大型にしたり、いろいろしたんですよ。やはり超のつく人を入れなあかん。その超を見分けんのが難しい。西鉄が巨人に勝ったのも稲尾がいたから。普通の選手じゃ勝てないんですよ、巨人に。杉浦がすごかったですわ。第四戦は使わんつもりやったが、雨で一日延びたから、コーチも選手も「スギ行け」言うんですよ。信頼度一番や。勝った直後、擦れ違った水原さんが、『ツルさん、よかったな』って。こそっとね。日本一の味は違う。これでもう死んだっていいという気になりましたな」

「病気で伏せっておられた前オーナーのお宅に伺って日本一を報告しました。体を少し起こされてペナントを手に取り、『ああ、良かったな』と涙を流して下さった。何日かして亡くなられました。御堂筋パレードはうれしかったね。出発の時、苦労をかけた先妻の位はいを、妻が駆け寄って渡してくれた。ユニホームにしのばせて一緒にパレードしました。孫を連れたおばあちゃんが、『おめでとう、おめでとう』言うて。握手しながら、この人野球わかってるんかいな思てね。みんなが喜んでくれた」

浪速っ子を沸かせた「涙の御堂筋パレード」（1959年10月）。手前の車の左が鶴岡監督。後続車に杉浦投手（左）と野村捕手のバッテリー

腹心の死　幻の移籍

〈コーチの蔭山に監督の座を譲って四日後。その日、東京（現ロッテ）と産経（現ヤクルト）からの監督要請にこたえ、上京して入団先を発表する予定だった。しかし未明、蔭山が急死。選手、ファンらの声もあり、再び南海のユニホームを着る〉

「蔭山君が『行くな』と言うんだろうなと思った。いまだにどちらだったか発表できない。行かんで良かったですよ。ろくなことない、東京は。天の声ですかな。蔭山君のことは、いつもここで拝んでますよ」

〈南海一筋、「南海の鶴岡か、鶴岡の南海か」と言われた二十三年間の監督時代。一七七三勝は最多勝利記録。リーグ優勝十一回、日本シリーズ制覇二回に輝く〉

「いい選手に恵まれたからね。勝負は勝たなあかん。あの一球、あの一打ちゅうのがある。エラーをした方が負けまんな」

「最近の脱税問題、注目する人が多いんやから、社会のルールは守らんと。お客さんが給料の何万分の一くれてんだと、それを忘れんようにせなあかん。今はサッカーなど（プロが）できてるでしょ。フロントも選手もしっかりせんと、ファンが分散しますな。まあ、高校野球が盛んなうちは大丈夫や。それに、ボーイズリーグ。二十八年間、ご恩返しのつもりでお世話しています。少年犯罪が問題になっとるけど、不良化防止、体位向上の目的は達しとると思いますね。子供は負けたら泣くしね。感動を与えてる。体が続く限りはお世話したい」

●聞き終えて

義理と人情の勝負師、いまだ健在

鶴岡節は健在だった。独特のしわがれ声。広島なまりの残る大阪弁。堺市の自宅でのインタビュー。語るにつれ、柔和な顔に勝負師の面影が戻ってきた。

近くの中モズ球場での写真撮影。合宿所、キャンプ……。南海時代の思い出の地。高校球児が練習中だった。周りの風景は変わったが、グラウンドを見る目が限りなく優しかった。

一九四九年七月、そばを走る南海電車にはねられ、一歳七か月の長女を亡くした。現場の線路わきを通るたびにつらくて、大阪市内へ二度引っ越したが、結局、中モズに戻って来た。

「やはり恩があります。なんでワシが阪急電車や阪神電車に乗らなあかん。南海や堺市にお世話になったんやから」。義理と人情の人である。「それに、あの子のそばにいてやりたいという気持ちもあってね」

プロ野球が開幕したが、今年は初めてキャンプに行かなかった。「腰が痛くて。軍隊時代に殴られてね。寒いと出るんや。足も弱った。私、一番古いんですよ。川上さん、西本さんは四つ下。八十過ぎまで生き、ありがたいですな。人に迷惑をかけんようにしたい。ちょうどいい時期。一線を退かせてもらった」

体調が良ければ、たまには公式戦を見に行くつもりという。まだまだ最長老として球界を見つめ続けることだろう。

編集委員　加藤　譲

（98．４．25掲載、鶴岡氏は2000．３．７死去）

仕事も恋も信じる道を

俳人
鈴木真砂女さん

「〝今生《こんじよう》のいまが倖せ衣被《きぬかつぎ》〟。この句は六番目の句集『都鳥』の中に収められている私の好きな句の一つ。色紙や句集のサインなどにもよく書きます。生涯を通して今が一番幸せだと、心底そう思っています。自分で招いたこととはいえ、五十歳で人生をゼロからやり直し、ただただ働き通してきたこの四十年。『都鳥』は八十八歳を迎えるにあたって出した句集ですが、自分の長い人生を振り返ってみて、この句が生まれました。これが今の私のうそいつわりのない心境ね」

卯浪のごとく

〈最高齢の女流俳人のもう一つの顔は、銀座の小料理屋のママ。郷里の千葉県で旅館の女将《おかみ》を二十三年間つとめるが、七歳年下の男性との恋が発覚。家も財産もすべて捨てて上京。古くからの知人である丹羽文雄氏らに二百万円を借りて店を出した〉

「店の名の『卯波』は〝ある時は船より高き卯浪かな〟という私の句からとりました。

すずき・まさじょ

1906年（明治39）11月24日千葉県鴨川市で生まれる。本名はまさ。生家はしにせの旅館。日本女子商業高校卒業後、結婚し一女をもうけるが、夫の失そうにより離婚。35年生家の旅館を継いでいた姉の急逝により姉の夫と再婚。姉の遺稿の句集を出したのがきっかけで俳句を始める。大場白水郎の手ほどきを受け、48年から「春燈」に所属。久保田万太郎、後に安住敦に師事。57年単身東京に出て銀座に小料理屋を開店。76年句集『夕蛍』で俳人協会賞、95年句集『都鳥』で読売文学賞を受賞。新劇女優の本山可久子さんは最初の結婚で生まれた娘。

卯波は五月の波のこと。私のふるさとの鴨川は、房総半島の外海なので波がとっても荒いのね。とくに五月の波はうねりが高く、小舟に乗った漁師が一人でこぎだすと、その波の頂上に乗ったと思えば、次には奈落《ならく》の底に落ちる。東京に出てきた時がちょうど奈落のどん底の状態だったので、また高く上がる時もあるだろうという願いをこめました。〝浪〟を〝波〟にしたのはその方が字画がいいと人に言われまして。どんな時にもあきらめるなという思いがこの名前にはこもっているの」

〈生活感の中での季語が俳句作りの基本になる。昨年暮れに腰をいためるまでは、毎朝の築地の魚河岸への仕入れも一日も休んだことがないという。手帳とボールペンを常に持参し、ふっと句想が浮かぶと、単語だけメモしておく。旬の魚や家事などを詠んだ生活感のある句の数々はそんな日常の暮らしの中から生まれた〉

「恋の句もそう。頭の中で考えた恋ではいい句は作れませんね。やはり本当の恋をしなくちゃ。私の代表的な恋の句は〝羅《うすもの》や人悲します恋をして〟。三十代のころの作ですね。その人ももう亡くなりました。『都鳥』の中の〝死なうかと…〟の句は、数年前、新潟県に蛍を見に行った時に、昔のことを思い出して詠んだもの。つい最近の『春燈』にも〝春の夢覚めてあしたもこの夢を〟の句を出してます。いくつになっても恋の句は作れますよ。

その人と知り合ったのは昭和十二年。亡くなったのが昭和五十二年ですから、四十年間続いたわけね。奥さんのある人でしたけど、あちらはあちらと思ってましたから一度も結婚したいとは思わなかった。でも、彼が死んで何年か後に奥さんが亡くなった時、彼と一緒のお墓にお骨が入るんだと思うと初めて嫉妬《しっと》しましてね。〝亡き人へ嫉妬いささか萩括《くく》る〟。これはその時に作った句です」

〈自分の運命は自分の手で切りひらいてゆかなければならない。頼れるのは自分だけ。上京して店を出した年に、そんな思いをこめて詠んだのが〝夏帯や運切りひらき切りひらき〟。夏帯をきりりと締めてかいがいしく働く姿が目に浮かぶ〉

「最初はアパートを借りるお金もなく、借金を返すまでは、着物一つ作らず頑張りました。店が終わって銭湯に行くのが午前一時ごろ。今の和光（宝飾店）の裏に銭湯があって。どこの店も終業時間が大体同じだったので、その混雑ぶりはいもも洗えないほどでした。座って洗う場所もなければ桶《おけ》もない。だから公団アパートが当たっておふろにのびのび入れた時は、涙が出るほどうれしくて。

今も相変わらず財産はありませんが、人生はモノばかりじゃないということをこの年になって改めて身にしみて感じています。店もおかげさまで適当に繁盛してますし、健康で毎日を楽しく働ければそれで十分。死ぬことも少しもこわくありません。好きなことをしてきて何も思い残すことはないし、いつでもどうぞという感じ。八十歳を超えてから全くといっていいほど死に対してむとんちゃくになってきて、どうにでもしてくれと、死の前にどっかりとあぐらをかいているような状態ね。〝戒名は真砂女でよろし紫木蓮〟なんて。これも八十代になってからの句です」

常連客でにぎわう「卯波」の店内。左端は角川春樹氏。俳人の上田五千石氏、飯田龍太氏らの顔も見える（1987年）

汲めどつきぬ泉

「今の女性は何でも自由でいいですね。好きなことができて。俳句も私が始めたころは女性はまだまだ少なかった。まあ、もちろん、中村汀女さんとか有名な人はいましたけど、一般の人はやってなくて。でも、今は俄然《がぜん》、女性。今の若い男の子は頼りない。女の子の方がたくましいですよ。仕事でも恋でも自分が信じる道をどんどん進んでほしい。でも、自由をはきちがえてはだめですね。自由というのは責任をともなうもの。何かを捨てなきゃならないこともある。私は財産も何もかも捨ててそれで自由をかちとったの。自分の人生は自分で切りひらき、切りひらき……ですよ。

それと、恋もするなら本当の恋をしてほしい。女には尽くす幸福感がなきゃだめだと思うの。こんなこと言うと、今の人に古いと笑われそうだけど、明治生まれなんだから仕方ないわね。尽くされるより尽くす喜び。気持ちの若さじゃ、今の若い人に負けないつもりです」

〈丹羽文雄氏が、かつて自分の小説のモデルにした真砂女さんのことをこう評したことがある。「かの女の中にはいくら汲んでもつきない泉がある。天性の俳人だと私は思っている」。九十一歳になった〝天性の俳人〟の今の目標は「七番目になる最後の句集を出すこと」と。まだまだ長生きして、素敵《すてき》な百歳の恋の句をぜひ詠んでもらいたい〉

●聞き終えて

人生一途 〃明治女〃の誇りと自信

〃九十一歳で旬の人〃。この四月に出版された「真砂女歳時記」の帯紙に、瀬戸内寂聴さんがこう記している。その言葉通り、卒寿を過ぎた今もテレビやラジオなどにひっぱりだこの忙しい毎日。瀬戸内さんが新聞で連載中の小説のモデルにもなっていて、紙面で読んだと店に訪ねてくる客もあるという。

三年前、読売文学賞を受賞した句集『都鳥』で見た〃死なうかと囁《ささや》かれしは蛍の夜〃の句には思わずどきりとした。八十代でこんな激しい恋の句を詠む人は一体どんな人だろうと想像していたが、第一印象は〃かわいらしい人〃。話の合間にふっと見せる天衣無縫な笑顔に思わずこちらもひきこまれた。

俳句の話から昔の恋の思い出、そしてティファニーで買ったという指輪の話……。いつのまにか時がたち、開店の時間が近づくと、真砂女さんも仕事着の白いかっぽう着姿に。「これはうちの看板料理」と教えてくれたのは、故郷の漁師の料理という〃かつおのたたき揚げ〃。撮影の間も慣れた手つきでのりを巻きながら、故郷の思い出を。

銀座一丁目の路地裏にある店は、九人座れるカウンター席と奥に小さな座敷が二つ。〃倖せのかっぽう着〃と自句に詠んだその姿に、恋も俳句もただ一途《いちず》に生きてきた〃明治女〃の誇りと自信があふれていた。

編集委員　音田昌子

（98．5．9掲載）

賢くても心がなければ

京舞井上流四世家元

井上八千代さん

〈「都をどりはヨーイヤサー」。春の京にひときわ彩りを添える「都をどり」（四月一―三十日）は、一八七二年（明治五）に始まり、今年で百二十六回を数えた。振り付けは当初から井上流家元の役割だ〉

「ご維新で京都が寂れたんで、にぎやかにしたいと、当時の知事さんや一力（祇園の料亭）のご主人らが、先代のお師匠さん（三世井上八千代）と相談して始めたと聞いてます。祇園には井上以外に他の流儀もありましたが、井上一本にしてやるから、その代わりよそへ出ることはならんという約束で、いまだにどっこも出てません」

〈初代の井上サトは江戸後期、仙洞院御所に仕え、近衛家で舞を指南し、同家を去るにあたって八千代の名を贈られ井上流を確立。二代は養女のめいが継ぎ、能・人形浄瑠璃の型を取り入れ、芸風を拡充した〉

失敗が出発点

いのうえ・やちよ

1905年（明治38）5月14日、京都市生まれ。本名は片山愛子。数え年の4歳で3世井上八千代に入門。12年、同市立弥栄尋常小に入学。18年に卒業、13歳で内弟子に。19年、井上流名取。18歳で助手として「都をどり」の演出、振り付けを手伝う。23年、女紅場舞踊科教師。31年、3世家元の孫で観世流能楽師の片山博通と結婚。38年、3世家元が101歳で死去し、家元代理に。44年、戦争激化のため「都をどり」が中止に。47年、4世井上八千代を襲名。50年に「都をどり」再開。55年、人間国宝に指定。90年、文化勲章を受章。

1
2

「数えで五つの時に『七福神』を初舞台で舞わしていただいたんですけどね、失敗したんです。井上のおけいこは並んでと違うて向かい同士で、お師匠さんは左ぎっちょでせんならんわけ。まだ子供やからね、舞台の後ろで後見してくれたはった。しゃあさかい、幕開いたけど、お師匠さんの方を向いて舞うたんで、そらあかん言うて、もっぺんやり直しちゅうことに。この失敗が私の舞の出発点だったように思います」

「おけいこは厳しい。お扇子がちょっといがんでたらね、張り扇でポーンとたたかれますねん、手を。足がいがんでても、足をたたかれます。『お止《と》め』いうて、けいこ差し止めになったことも。三人で一つのもんをけいこしてて、一《ひと》月しかられてね」

〈十一歳で舞妓《まいこ》に出ると、女紅場《にょこうば》（現在の祇園女子技芸学校）へ通った。名取筆頭の松本佐多を後見人として、十三歳で舞妓を引き、先代の内弟子となる〉

「何度やってもあかん時は『いんで（帰って）しまえ』言われる。押し入れに隠れますねん。お師匠さんはけいこ終わって休まれる。けいこ中にお師匠さんのお布団ひいといて、ご飯食べて。寝られてから、押し入れから出ます。三日ほどで娘さんに謝ってもろて。『うちにタヌキがいるらしい』ちゅうて、お師匠さんによう言われました」

「朝八時から晩十時ごろまでけいこしてました。寒げいこは朝の五時ごろ起きて、単《ひとえ》もん着て、部屋のそこら、みな開けて。三味線も、舞も、三番ずつぐらいします。三日目ぐらい、のどがもう、声が出んようになる。三味をひく手がかじかんで、指がひび割れることもある。土用げいこは綿入れ着て、反対にね。それせえへんかったらあかんの。芸の道の教えですわね。このごろはそんなんあらしませんけど」

〈坪内逍遥は当時、井上流について「その極めて厳格な教授法は、この末世の民間芸

術界における珍稀《ちんき》である」と書いた〉

「九月七日がお師匠さんの命日。三月《み》間ね、六、七、八と、寝てられました。寝てても、うちわ持って、こうしてね（振り付けの格好をして）、舞ってはることがありました。私をまくら元に立たせて『芦刈』を舞わせ、うちわで指導されたことも」

「戦争中は女紅場が軍需工場になって、舞妓さんも芸妓さんも辞めて、皆朝から飛行機の部品こしらえに寄ってました。高雄口へ疎開し、初めて主婦しましたが、舞を舞うてる方が気ぃ楽や思いました。炊事も難しい。何も（食べるもの）あらへんし。よう軍隊や病院へ慰問に行きました。もんぺはいて。いっぺん静岡まで行ったことあります。それは着物持って行きましたけどね。お礼にお米一升いただいて。それがいただきたいために行ったようなもんです」

〈現在、祇園甲部で舞妓、芸妓の数が百十余人。大正時代は八百人いたという〉

「昔は祇園に生まれて育った人が六つの年の六月六日からおけいこに来ると上手になる言うて。その娘さんが皆舞妓に出たんですけど、今は皆お嫁入りしはる。九州や東京などから舞妓さんの風《ふう》にあこがれて、中学卒業して弟子入りに来はります。だから、おけいこする数も少ない。順番を飛ばす。すぐ舞妓さんに出はるから。一番初めに習うもんだけは教えますけど、後はお座敷で舞うもんばっかり教えはります。芸がよっぽど浅いです。最近は、街の真ん中でね、舞妓さんの格好だけする素人の人もあります。写真を写してはりますが、おかしいなぁ思て。お茶屋さんもだいぶ減って、皆バーですか、それになりはるさかいね」

「戻り駕」を舞う10歳の時の井上八千代さん

しっとりした品格

〈井上流は地唄を主とした座敷舞。しっとりした品格を理想とする。小唄ぶりまで含めて約三百五十曲あり、うち四世八千代の振り付けによるものは約百五十曲〉

「女舞ですね。お茶屋さんのお座敷で、金屏風《びょうぶ》を置いてぼんぼりつけて舞うのが、井上流に一番合うてます。派手なことおへん。心で舞うわけです。お月さん見るのも満月とおぼろ月がありますさかい、はっきりわかるようにせんといかん。心でせんといかん。笑うのも、泣くのも、ここで（腹に手を当て）できるて、ようやかましぃ言われました。間《ま》の悪い人はあきません」

「昔はビデオなんかあらしまへん。それやから、お師匠さんのを見て覚える。頭で覚える。体が覚えてます。それに、唄を覚えてへんと、舞が覚えられしません。自分の覚えてるもんは、はよ後の人に伝えてもらわんと。なくなってしまうと思います」

「今の子にはあんまり厳しぃ言えしません。『あんた、いかんえ』て言いますと、『おおきに、さいなら』ちゅうて帰ってしまいはります。今の人は、ここ（頭を指さす）は賢いですけど、あまりここ（胸を指さす）で思うことがでけへん。それでも、平和が一番ですね。『都をどり』のある限りは井上流も続いてくれると思います」

●聞き終えて

居住まいに修練の跡と気品

「都をどり」の千秋楽、祇園甲部歌舞練場の楽屋を訪ねた。小柄である。が、ぴしっと伸ばした背筋、端然とした居住まいに、厳しい修練の跡と圧倒的な風格を感じる。華やかな舞台から聞こえてくるお囃子《はやし》。「おめでとうさんどす」。次々と訪れる祝い客のざわめきを背に受けながら、語ってもらった。

「舞で一番長老になってしもて」。しゃんと着こなした和服姿に、京舞一筋に生きてきた気品が漂う。温顔が、芸の話になると、きゅっと引き締まった。

人間国宝、文化勲章など多くの栄誉にも「お師匠さんの代わりです。毎朝、お仏壇を拝んでます。松本のお姉さんや皆さんのおかげでいただきました」。

おはぎ、柏餅《かしわもち》など甘いものが好き。「たんと食べると、肥えまっしゃろ。四十九キロあったさかい控えて、今四十五キロ。戦争中は細うなって七貫（約二十六キロ）やったのに」。笑顔が何とも美しくさわやかだ。

月に七日は女紅場で教授。自分でも舞う。「足ならししとかんとね」。耳が遠く、足も少し弱ったが、舞への執念は衰えない。月二十九、三十日に十四年ぶりの東京公演がある。孫で後継者の三千子ら一門と出演、自身は昼夜計四曲も舞う。「どうかしらんと思うんですけど」と控えめ。どうかまだまだ元気で、いい舞台を続けてほしい。

編集委員　加藤　譲

（98．5．23掲載）

データより子供と対話

小児科医
内藤寿七郎さん

〈『三つ子の魂百まで』の意味する重さを説き続けている。数えの三つは満の一歳半から二歳半に当たり、「本人の将来にわたる性格や、ものの考え方を方向づける大切な年齢」。七十年近くに及ぶ小児科医としての臨床経験の結論である〉

「『三つ子』のころは第一反抗期ですから、しばしばお母さんの手を煩わせます。でも、それは自立心というか自我が芽生えてきて、まさに『魂百まで』の基本的な性格が形成されつつある証拠なんです。創造力にあふれ、積極性があって、心の温かい人間に育てるにはこの時期が重要。母親の優しさと忍耐力が要求されます。お母さんに十分受け入れてもらえない、愛されない子供は、後にさまざまな問題を起こすケースが多いように思いますね」

「三つ子の魂」研究

〈国連がまとめた幼児心理の研究でも、「二歳未満なら、環境が悪く思わしくない育児

ないとう・じゅしちろう

1906年（明治39）10月23日、東京・牛込で、近衛騎兵連隊付軍医の父・敬一の7人きょうだいの末っ子として生まれる。生後間もなく移った熊本で、大病を治してくれた医師の影響で小児科医を目指す。東大医学部卒。同小児科勤務、母子愛育会愛育医院小児科医長、日赤中央病院小児科部長を経て56年から愛育会研究所長兼病院長。78年、同名誉院長。日本小児科医会名誉会長。

東京・三田の幼児開発協会で週2回、育児・健康相談に当たる。89年に著した「育児の原理」の功績で92年、シュバイツァー博愛賞受賞。

を受けたとしても、元に戻すことは可能。三歳以上になってからの育児環境の不良もほとんど永久的な影響を残さない」として、二歳児の重要性を強調している〉

「社会問題になっている〝いじめ〟とか〝すぐ切れる子〟〝無気力児〟などの背景の一つには、この時期に受けた心の傷があると思いますよ」

〈二十数年前、牛乳によるアレルギー性皮膚炎の二歳の坊やを診察した体験が『三つ子の魂』研究にのめり込む切っ掛けになった。体一面の湿疹《しっしん》でひどくかゆがり、引っかき傷だらけ。なのに牛乳が大好きで、「いけません」と禁じても勝手に冷蔵庫を開けて日に一、二本も飲んでいた〉

「心を込めて話せば分かってくれると信じて、聴診器を置き、白衣を脱いで、目を見つめながら『ボク、牛乳好きかい？　でも、ちょっとだけ我慢しようね』って話かけ始めました。坊やは顔を背けいやいや。そちらに回って『やめてくれるよね』。反対側にプイッ。回り込んで『ボクならきっとやめられるよね』。ひざまずいて手を握っていましたね。最後までうなずかないんで、やはりだめかなーって、がっかりしたんですが……」

「二週間後、笑みを浮かべて来院した坊やの顔はすべすべで、傷一つありません。あの日から牛乳を飲まなくなったんです」

〈内藤さん自身も牛乳アレルギー。乳児期、母乳代わりの薄めた練乳が体に合わず、激しい下痢で死ぬ寸前だった。だからこそ、何としても治してやりたかった〉

「一年半ほどして、母親が『魔法を解いて』と来院しました。坊やは『先生と約束したから』と頑として口にしない。牛乳断ちによる発育障害を心配して相談に来たんです。

魔法でも催眠術でもありません。坊やが約束を守ったんです。二歳児でも約束を守ることができたんです」

〈二歳児の心のあやに踏み込めた初のケースだった。この感激が後に日本人初のシュバイツァー博愛賞受賞に結び付いた〉

「あの坊や、今はどうしていますかね。もう一度会いたいものです」

〈高校（旧制五高）時代の夏、大分・湯布院の禅寺にこもった折、住職に「他人に自分を受け入れてもらおうと思うなら、相手を信頼しなさい、相手の目を見て真心を込めて話しなさい」と諭された。そのときは何気なく聞き流したこの言葉が、小児科医としての座右の銘になり、坊やの診察の決め手にもなった〉

「二歳児と接するときは、『できるよね』と信頼して、自発的にやるように促すことが大切です。『いけません』としかっても決して好ましい結果は望めません。『だめ』と束縛することが〝しつけ〟と勘違いしがちですが、強制は脳の発達を抑えつけ、自立心の芽を摘み取ってしまいます。しかるのは三歳過ぎてからでよい。それも、その場で怒るのは猛獣の訓練。子供には後でゆっくり言い聞かせたいですね」

特産品から離乳食

〈恩賜財団母子愛育会は一九三三年（昭和八）の皇太子殿下（現・天皇陛下）の生誕を記念して翌年、母子の保健と福祉向上を目的に創立。三八年、東京・港

1939年、愛育会の保育実習に参加した内藤さん（中央）。乳児に病気をさせないよう、全員マスクをしているのが珍しい

区に愛育医院（現・愛育病院）を開院し、東大から内藤さんを迎えた〉

「難しい病気を治して退院させるのが喜びだったのに、新しい仕事は母子保健にかかわる問題が中心。もう一つ気が進みませんでしたが、母乳はいつまで、離乳食はいつから・何を与えるか、人工栄養法は、育児法は……とどれ一つとっても参考書はなく、無我夢中でした」

〈戦前、乳児死亡率は出生千人あたり約百人。十人に一人が死んでいた。離乳時の誤った知識による栄養不良で下痢・腸炎、肺炎、乳児かっけなどで死ぬケースが目立った。その対策に内藤さんは木炭自動車で全国くまなく回った〉

「農山村の乳幼児の栄養状態は最悪でした。いつまでも母乳を続けていたり、みそ汁かけご飯だけの離乳食だったりで、顔色が悪く、やせこけていてね。『先生は若《わ》けーから知らねーだけや。乳離れのころはみーんなこーなるんじゃ』と物知り顔のおばあさんたちを説得してね。山梨のほうとうとか、奈良の茶がゆなど土地土地の名産を応用しながら離乳食の指導をしました」

〈最近の乳児死亡率は四人程度で世界最低ライン。「愛育会の果たした役割は大きかった」と自負する〉

「最近の若い医師たちは物理・化学的データに頼り過ぎます。コンピューターに向かうより、子供に話しかけながらじっくり観察し、打聴診をして全体像の把握をすべきです。それに、お母さん方は決して二歳児をしからないでください。これだけは言っておきたいですね」。子供の健康を守りつづけて七十年の言葉は重い。

泣く子微笑ます目にプロ意識

〝肥後もっこす〟の意地がそうさせるのか「耳が聞こえて聴診器が使える」うちは引退するつもりはないそうだ。週二回の育児相談を頼りにしている母親たちにとっては心強い現役宣言である。先月は単身、鳥取県米子市での日本小児科学会に出席、育児関係の発表を聴講した。

写真撮影で東京・世田谷の自宅近くの公園に行くと、遊んでいた幼稚園児たちが自然にまとわりついてきた。子供たちの嗅《きゅう》覚《かく》が「この人は仲間」とかぎわけるのだろうか。一メートル五〇余りの小躯《しょうく》をちょっとかがめて子供と合わせた目はあくまで細く、愛育病院に伝わる『泣く子も微笑《ほほえ》む内藤先生』の優しさが漂う。「子供に不安がらずに受診してもらうにはどんな目をしたらよいか」と長年努力したたまもので、一朝一夕で身につけたまなざしではない。明治人のプロ精神に裏打ちされた愛の目だ。

父親が軍医、義父が医師で医史学者の医者一家だが、三人の子供は後を継がなかった。「病院長時代にストやなんかの対策で毎日午前帰宅。そんな姿が嫌われたのかなー」と寂しそうだった。

十年前に長年連れ添った奥様を亡くし、「国勢調査では一人暮らし」の自宅には、いずれも独身の七人の孫たちが交代で泊まっていく。「若い者はなかなか結婚しないし、子供をつくらない」と、少子化の風潮に不満げだ。

編集委員　中沢礼次郎

(98. 6. 13掲載)

「守・破・離」の心構えで

書家

村上三島さん

「毎日の生活の中で、何を一番大切にしているかと問われたら、私は『何とかして人さまを傷つけない生き方をしたい』と答えるでしょう。人さまに対していいことをしてさしあげることはなかなかできません。でも、傷つけない、いやな思いをさせないことなら努力をすればできる。そりゃあ作家ですから、素晴らしい作品を書きたいという思いはあります。本当の芸術家だったら、それが生きてる第一義だというかもしれません。だけど私は、第一に思いやり、人にいやな思いをさせないことがあって、その次にいい作品がくる。そういう意味では私は芸術家失格かもしれないな。しかし、立派な書を残すより、死んだ時に『あいつはええやつやったなあ』とチラッとでも思ってもらえたら、その方がうれしいですね。そんな生き方が私の理想です」

〈三島さんの作品には不思議な穏やかさがある。それがまた魅力なのだが、お話を聞きながら、なるほどと納得した。書の道一筋に七十年。日本の書法界の頂点に立つ漢字作家の、文字通り〝人となりを感じられる書〟なのだなと〉

「私がとくに大切に思うのが『論語』に出てくる〝仁〟ということです。仁とは忠恕《ちゅうじょ》。

むらかみ・さんとう

1912年（大正元）8月25日愛媛県大三島生まれ。本名は正一。大阪市立泉尾工業学校在学中にカリエスにかかり、恩師の勧めで書の道に。片山萬年、辻本史邑らに師事。中国の王鐸に心酔し、草書に独自の書法を築く。48年日展初出展で初入選。61年日本書芸院理事長に就任。関西書壇の興隆に貢献を果たしたほか、中国でもたびたび個展を開催。日中文化交流にも尽くす。85年から芸術院会員。93年文化功労者。近年は〝だれでも読めるやさしい書〟を提唱。日展の調和体部門に力を入れるなど、書法界の革命に情熱を燃やす。

非人情の態度で世の中を見ることが
如何に世の中の美しさを
さを正しく認識
痛切に経験した筈である
三島かく

忠は誠、恕は思いやりですね。やはり『論語』の中に〝仁者は礼にあらざれば行わず〟という意味の言葉がありますが、この礼とは、自分がいやだと思うことを人に押しつけてはいけないということです。そういうことを孔子が言ってる。今から二千年以上も前にですよ。それから人間は果たしてどれだけ立派になったのかと思うと恥ずかしくなりますね」

「こんな人生観を漠然と持つようになったのは、二十代の半ばごろ。妻の祖母のお葬式に出て、人生のはかなさを初めて痛感しましてね。その時ふと、地球上に五十億の人間がいる中で、私が親しくお話のできる人は一体何人いるだろうかと考えた。親、兄弟、友人と指折り数えてもせいぜい五十人ぐらいしかいない。ならせめてこの五十人とは、お互いけんかしたり、いやな思いをさせたりしないで仲良く暮らしたいと」

カリエス逆手に

〈中学時代にカリエスにかかり、人生の方向転換を迫られた。ハンデを逆手にとり、プラスに転じる強さをこの時、身につけた。療養生活の間に文学や哲学の本を読みあさったことも、後の人生に役立ったと振り返る〉

「今の若い人は、死というものをあまり真剣に考えていないようですが、いずれ死ぬのだと覚悟すると、それがかえって生に対してプラスになる。極端な話、生物はいずれ必ず死ぬのです。そのことにできるだけ早く気づいてほしい。二十代の人でも、あと六十年たてば自分はまずまず死ぬだろうと思えば、いい加減な生き方はできなくなります。

私は十五歳で障害を持つ身になりましたけれど、何とか頑張って人に負けないように生きてきたつもりです。やろうと思えばできるのです。生まれてきた以上、自分でないとできないことを見つけ、一生懸命取り組んでほしいと思います」

〈書をやる上での心構えは、剣道の極意の「守・破・離」に通じるという。まず基本的なことをしっかり学び、長い時間をかけて伝統をマスターする。これが守。そして次の段階ではその身についたものを一度捨てて（破）、全く別個の新しいものを自分の感性でつくりだしていく（離）〉

「どこにもない自分を完成させる。これがなかなか難しい。でも、先生のまねごとで終われば、いくらうまく書けていても人の心を打つ作品にはなりません。最後は自分という人間を出した書をいかに書けるかが大切で、その過程で人間そのものも磨かれていくのではないでしょうか。

それができるまでは長い勉強の時間。宗教でも哲学でも、あらゆるものをどん欲に吸収してほしい。そういうものが積もり積もって、私しか感じない感じ方、私しか見えない見え方、私しか聞こえない聞き方ができるようになる。芸術家に限らず、そういう感性を身につけることができれば、きっと素晴らしい仕事ができますよ」

「読める書」旗振る

〈八十五歳を超えた今の目標は〝だれでも読めるやさしい書〟。日本語の話し

2人目の師である辻本史邑氏（右）と（1949年ごろ、奈良市の辻本氏の自宅で）

言葉や俳句、短歌などから心に残る言葉を行書とひら仮名で書く〉

「読めることで興味が生まれる。やっぱり読んでもらわないことには。書は何が書いてあるかわからないと、一般の人から〝書ばなれ〟が起きている。明治維新から百二十年余り。当時、教養人と称された人は漢文や漢詩、変体かなを読める素養がありました。でも今は、日本語のありかたが大きく変わり、書家でさえ、自分の書いている字が読めない人が多い。これは書道界が今日的なことにあまりにも無関心で、書美の追求のみに明け暮れてきたせいですよ。このままでは伝統ある書がすたれてしまうと、旗振り役を買って出たのです」

〈その〝やさしい書〟の一例に、郷里の大三島を戦後初めて訪れた時の思い出を記した作品を見せていただいた。「何と寂しい嶋　長男を背中に汗だくの坂道　ここに住むのと一休みの妻がいう　どうなるやら私にもわからない　戦后二年の野良しごとがなつかしい」。少しまるみを帯びた優しい書体。長年、夫の良き助手で、最も厳しい批評家でもあった和子夫人を亡くした二年前の作。人間三島さんの奥さまへの惜別の思いが行間から伝わり、心を打たれた〉

●聞き終えて

「現代の弘法さま」は筆を選ぶ

お話を聞いたのは、大阪・高槻市の自宅。書家の仕事場というと、何となく畳の和室のイメージがあったが、通されたのはガラスばりの広い洋間。大きな作品だと、机の上に置いた紙を少しずつずらしながら、立ったままで書くこと、そのためには二人の助手が必要なことなど、まずは制作の苦労話を。

写真に作品を入れたいとカメラマンが注文すると、夏の展覧会に出す作品を、その朝、表具屋に渡したばかりで手持ちがないという。「二番作（出品作の控え）ならありますが」と娘さんが言うが、先生は承知しない。結局、表具屋さんにもう一度持って来てもらうことに。漱石の弟子の言葉なのだそうだが、たとえ写真の背景に使うだけでも、一番いい作品でないと許せない芸術家の厳しさを見た。

筆の数が多いのにも驚いた。以前お孫さんが数えたら、八百八十本あったとか。「〝弘法筆を選ばず〟では？」と言うと「いや、本当は〝弘法筆を選ぶ〟ですね。どんな字を書きたいのかで、使う筆が決まります」。さすが現代の弘法さまだ。

一月に股《こ》関節の手術を受けて目下リハビリ中。だが元気な時は、一日五、六時間は筆を持つという。「書の世界は奥が深く、この年になってもまだまだ思うような字が書けません」との言葉に頭が下がる思いがした。

編集委員　音田昌子

（98．6．27掲載）

自然保護の運動次世代へ

野生猿研究家
三戸サツヱさん

〈宮崎県の南端、都井岬に近い串間市市木の沖に浮かぶ幸島。亜熱帯植物が海岸近くまで生い茂っている。周囲三・五キロ。神様の使いと伝えられるニホンザル約百頭が生息、一九三四年（昭和九）国の天然記念物に指定された猿の島だ。三戸さんは五十年近く猿を見守ってきた〉

……芋洗いの発見で有名に……

「猿を見ていると、どうしても人間の社会に重ねてしまいます。ここの初代のボスのカミナリは、人間で言えば九十歳を超えるほど長生きして最後は目が見えなくなってしまったのですが、死ぬまで幹部の猿に助けられてボスの座を保ちました。動物でもこんなふうに、規律のとれたことができるんだなあと感動したものです。今の研究者の間では、猿社会にボスはいないという考えが主流ですが、カミナリはボスらしいボスだったと思います。それから死んだ子の遺骸《いがい》を五十九日間もおぶって放そうとしなかった母猿

……みと・さつゑ……

1914年（大正3）4月21日、米国帰りの父冠地藤市、母ヒサの長女として広島市で出生。安田高等女学校・広島女子教員養成所を卒業し教員免許取得。33年（昭和8）19歳で三戸好荘さんと結婚。34年、父母のように新天地を求め朝鮮半島へ。咸鏡北道慶興郡の寛谷小学校で教壇に。夫の看病で広島に帰り、亡くなったあと再び朝鮮へ。46年大連から引き揚げ、翌年宮崎で教員に採用。

猿の観察は50年ごろから。教員を退職し、70年京大霊長類研究所研究員、その後非常勤講師。猿の観察活動で74年吉川英治文化賞受賞。99年藍綬褒章受章。著書に「幸島のサル」など。1男2女。

がいましたが、人間の情愛と同じですよね。研究者には『擬人化しちゃいかん』と言われますけど」

〈幸島の野生猿の研究は、四八年に京大の今西錦司さん（故人）、川村俊蔵さん（現名誉教授）、伊谷純一郎さん（同）が、都井岬の野生馬の調査の折に立ち寄ったのがきっかけで始まった。幸島を世界的に有名にしたのが芋洗いの発見。五三年夏、島の浜で一歳半の雌が海水に芋をつけて洗っているのを目撃された。すぐに若い仲間に、さらにその母親たちにと伝えられ、群れ全体の「文化」になった。宮地伝三郎京大教授（故人）によってソ連で開かれた国際学会で報告され、発見者の三戸さんの名も知られるようになった〉

「最初は『訓練したんだろう』と言われて信じてもらえなかったそうです。ところが、芋だけでなく、麦も洗うようになり、次には洗うことで塩味を覚えて、食べ物を海水につけては食べるようになったのが観察されたのです。これは立派な『食文化』ですね。ただ、人間が芋をやっていたから洗ったのであって、自然に戻せと芋を与えなくなったら、そういう習慣も次の世代へ伝えられないのではと思います。今では一部の猿しか洗いません。山のアカメガシワの実を海水につけて食べる猿を見ることはありますが」

〈三戸さんの部屋には、「幸島自然保護センター事務局」の看板がかかっている。幸島の猿を守り、その周辺の自然を保護し、次の世代に伝えていく運動を続け、夏休みには幸島で小学生と親のファミリー・キャンプを開くなどしている。この部屋にかかっている日本地図は、南北が逆になり、南九州が一番上になっている〉

「文化は、中央から地方へ流れるものと考えられがちですが、生き物の文化を幸島から全国に発信しようという意図です。普通の地図を逆さにしたんです。

　とにかく、負の遺産を子どもたちに押しつけちゃいけないですよ。会議なんか開くと、昼間から電気をつけてクーラーもつけっぱなし。そういう生活に慣らされてしまっている。クーラーなんて熱気を外に出して町中を暑くするだけです。家の風通しをよくしてクーラーに頼らない方がいい。電気が足りないからと原発を作ろうとするのも反対。各家庭の屋根に太陽電池を取り付ける補助をどんどん出して、できた電気を電力会社が買えばいいんです。

　それと、この近くに『シーガイア』というのができたでしょう。すぐ横に海があるのに、松を十万本も切って自然を台無しにしている。冬でも波を起こし、サーフィンができるようにして客寄せしようというんですが、ばからしい話ですよ。第三セクターなので、赤字を県民が負担しなきゃならなくなる。私らはすぐにいなくなるからいいけど、この辺で、方向転換しないと大変なことになると思うんです。今なら何とか間に合いますよ」

大連で教科書編集

〈広島で生まれ、高等女学校、教員養成所を出て町の製薬会社に勤め、同僚と結婚。その後、朝鮮半島に渡り、ソ満国境に近い町の小学校の先生になった。夫が腸結核で倒れたためいったん引き揚げたが、夫の死後、三人の子を伴い再び朝鮮へ。終戦は大連（中国遼寧省）で迎えた〉

幸島を訪れた霊長類研究の草分け、カーペンター・米ペンシルベニア大教授（右）と（左から二人目が三戸さん。左端は西邨顕達・同志社大学教授。1966年9月）

「夫の死後に生まれた生後四十五日の二女に四歳の長男と一歳半の長女がおり、三人を育てるには、加俸が七割もあって給与の高い外地は魅力でした。それに朝鮮は物資が豊かで暮らしやすかった。戦争も末期になり、ソ満国境の辺りが危なくなって大連に移ったのですが、ここでは中国人の子供を教えました。終戦と同時に、日本人は日本人学校に移り、そのうちソ連軍が進駐してきて、学校再開が許されたのです。教科書の編集から始めることになり、私も教科書編集の委員に選ばれ、当用漢字、現代仮名遣いで教科書をつくりました。

四六年に引き揚げ、宮崎で先生に採用されるとき、委員をしていたことで辞令が遅れたんですよ。事情を説明して納得してもらいましたが。とにかく国の教育方針は百八十度変わったわけですが、私自身は朝鮮の子だろうと中国の子だろうと分け隔てなく接していましたし、夫の影響で戦争嫌いでしたから、(戦後の教育には)全然違和感なかったですね」

〈七〇年に教員を退職したが、最近、『昭和初期』の暗い時代に似てきているのでは、と気になっている〉

「戦後、あれだけ、子どもたちを戦場に送るまい、と言っていたのに、戸締まりしないと国がつぶれる、と言う人の声が強くなっています。いつの時代でも戦争していいことはないですよ」

●聞き終えて

「消費社会見直そう」の言葉に耳痛く

幸島を訪ねた日は雨模様だった。一日延期して好天を待とうかと思った。だが、三戸さんは「雨でも猿は出て来ます。午前中、浜で遊び、人を待っていて昼に山に帰るのが習慣だから」と、少しくらいの雨など意に介さないふうだった。午前八時すぎ幸いにも空が明るくなり、約四百メートルの海を渡った。船着き場所から猿が集まっている砂浜まで、岩場を跳び移りながら進む。背筋をピンと伸ばした三戸さんの足の運びは全く危なげがない。待ち兼ねたように猿が寄ってくる。この春に生まれた子猿を抱えた雌が目につく。

「こちらの雌の方が上位だから、下位の方は正面を向かないで後ろ向きなんです」「今日は第一位の雄がいないいから、気兼ねなく寄ってこられる。写真撮影には最高の条件ですよ」。明快な解説。こうした猿の姿を見ていると、人間の行動や社会に重ねたくなるのも仕方のないことのように思えた。

串間市には原子力発電所建設計画が持ち上がっている。このことに話が及ぶと、「なぜ過疎の土地にばかり、こんなもの持ってくるの」と怒りは収まらなかった。

自分で電気を作るんだとばかり、自宅の庭に太陽電池のパネルを設置している。大量生産、大量消費の社会を見直そうという三戸さんの言葉は都市生活者には耳が痛かった。

科学部長　松本　弘

（98．7．11掲載）

心にひびく教育を

大阪教育大学・大阪体育大学名誉教授

重田為司さん

「今の世の中、すべて形ばかりで心が通じてない。そんな気がしてなりません。例えばテレビのアナウンサーの話し方一つとっても、決められた時間内に間違わずにしゃべればそれでいいという感じで、心にひびいてこない。とくに朝、気になるのが、『ただいま七時三十何分何秒です』って若い女性アナウンサーが繰り返すあれ。いつも『やめて』って叫びたくなる。何秒なんて、私らいらんですよ。そうでしょう。それをいかにも、お前らに言うために一生懸命努力して、時間通りやってるやろ、まちごうてないやろと言わんばかり。政治家もそうです。今の日本の政治家で、国民の心にひびく話し方ができる人が一体どれだけいますか。何とか自分の思いを伝えたいという心、熱意が相手に伝わらなあかん。今の教育についてもそれは言えますね」

〈体育の普及と研究に生涯をささげて七十余年。ベルリンオリンピックの年に、文部省から派遣されて欧州十か国の小学校、幼稚園の体育教育を視察。体育を通じて健康な身体を育成するとともに、心の面でもバランスのとれた人間をつくることが教育の基本であるとの信念を持つ〉

しげた・ためし

1903年（明治36）3月4日大阪府堺市に生まれる。27年東京高等師範学校卒業。大連（今の中国・東北地方）弥生高等学校教諭になる。29年に帰国。大阪府立八尾中学教諭、同女子師範学校、同天王寺師範学校教諭を歴任。50年大阪学芸大（67年から大阪教育大）教授になる。同大を定年退官後大阪体育大教授となり70年から同大付属中学校長。77年勲三等旭日中綬章と大阪市民文化功労賞を受賞。80年に定年退職後も同中学顧問として満90歳まで教壇に立つ。現在は能力開発センター（大阪）顧問を務め、女子師範時代に書いた幼児体育の指導書の現代版をまとめた。

「心にひびく教育。体育に限らず、これが一番大事なことやと思います。今はＩＱや偏差値など、点数の結果ばかり問題にされるために、情緒が欠けて、人間ぎらいの子供が増えている。これは今の教育のありかたの問題だけど、教える先生にも責任がある。今の先生は、子供に注意する時でも、『このごろ、お前、よう休むな。休んだらあかんぞ』『ハイ』。『お前はいつもきょろきょろしてるぞ。席についとけよ』『ハイ』で終わり。さっと流しているんですね。これでは子供の魂にふれることはできませんよ。ただ見てるだけ、聞いているだけではあかん。子供の心の奥底が見える目、聞こえる耳を持たな」

忘れられない恩師

〈教育の話になると熱がこもる。今の先生への批判から、自身の子供時代の恩師の思い出話に。素晴らしい師との出会いは「今思えばぼくの心の栄養でした」と〉

「小学校一年生の担任は女の先生でした。『ようできたなあ。えらいなあ』と、赤いマルをつけてもらうのがうれしくて。『先生のいうことをようきいてくれて、好きやなあ』と言ってくれた時のあの笑い声が今も忘れられません」

「中学時代にテニスを教えてくれた先生は、英語の先生で、小柄な方でしたけど、当時、関西で一番強い後衛の選手で、先生になるには勉強もできて運動もできんとあかんのやなあと思ったのを覚えてます。ある時、コートに水をまくように言われまして。実は水をまく前に、先生は石灰をまいていたんですね。下がぬれてるから、球を打つとラケットのあちこちにその石灰がつく。すると先生は『これはおまえのせいやない。ラケットが悪いんや。おれのを見てみ。全部真ん中に石灰がついているやろ』と、ラケットの重心の大切さを納得させてから、重心が合うようにガラス片でぼくのラケットを削ってくれました」

「先生はいつも自分のことを思っていてくれる。子供にそう感じさせること。子供自身のやる気を起こさせること。それが一番大切なんです。テニスの練習の時も、『ああ、きょうはようやったな。疲れたやろ。でも、きりが悪いから最後にもう二十回だけボールを打って帰ろか。先生が上げたるからな』と上手に持っていく。最初のうちはポーン、ピュッ、ポーン、ピュッと気持ちよく球が飛びかい、『そうや、調子いいぞ』とほめられて、あともう少しで終わりという時に、急に難しい球が来る。打てずに落とすと、『何だ、ここが試合の分かれ道や』ともう一球。『まだいかん、あと三回……』『難しいか。呼吸を整えろ。息止めて、はい』『そうだよ、その調子。後二本』と、気がついたら百回ぐらい練習している。実にうまい教え方でしたね」

「心の栄養不足」心配

〈重田さんの〝教え子〟は、幼児からお年寄りまで幅広い。昭和四十一年と五十八年に全国の百歳以上の高齢者の調査を実施。その生活の共通点を「長寿への道」という冊子にまとめた。老化防止の若返り体操もこの時に考案。自らも実践している〉

学生時代に陸上競技を通じて知り合った南部忠平氏（中央）を平野の女子師範学校に招き、その技を生徒の前で見せてもらった。左が重田さん（右は校長）＝1934年ごろ

「長生きしている人に共通しているのは働くのが大好きで、生活に生きがいを持っていること。陽気で物事を気にしない。食べ物の好き嫌いがない。腹八分目。気力があり、意志強固。姿勢が正しい。早寝早起き。心の友を持っていること。要はストレスをためず、昔ながらの生活の知恵を守って暮らすことでしょう。でも、今の時代はこれがなかなか難しい。子供たちが試験、試験で、点数ばかり気にする生活を続けていると、いつかやられてしまうと、ぼくは三十年前から警告し続けてきました」

〈その警告の言葉が冊子の中にあった。「感情疲労、心の栄養、右脳革命、四十歳ボケ病」。つまり、点数ばかり気にしていると、イライラして眠れず、集中できない。これが感情疲労で、心の栄養不足状態。これでは知的面は発達しても、情緒をつかさどる右脳が未成熟な子供が増え、結果的に四十歳ぐらいでボケがくると〉

「今の子供たちを見ていると、人ぎらいで自己中心的。すでに心配していた通りのことが起きている。ぼくは最近、菊作りに凝ってるんですが、園芸をしていてつくづく思うことは、大切なのはやっぱり土だなと。大根には大根の、花には花に合った土がある。人間でいえば、土はやっぱり母親やろな。女性が社会に進出するのもええけど、子育ては大切にしてほしいね」

●聞き終えて

気さくな先生　ゴルフも現役

「九十五歳でゴルフを楽しみ、自転車を乗り回す元気な先生がおられます」。取材のきっかけは、読者から届いた一通のファクス。大阪・松原市に住むお米屋さんで、子供の小学校の時の担任が重田先生の昔の教え子だったという縁で知り合い、子供の教育のことで何度か相談にのってもらったという。

その言葉通り、気さくな先生として町内でも評判らしく、自転車で手作りの野菜を配って歩くこともあるという。元体育の先生だけに、とても九十代とは思えぬ若々しさ。朝の日課の体操を実演して下さったが、その体の柔軟さに驚いた。各界の教え子たちが先生を囲む恒例のゴルフ会でも、フォームの美しさと一一〇前後のスコアで回る先生の実力は定評があると聞く。

女子師範時代の最初の教え子はすでに八十三歳。今でも年に一回の同窓会には、二十人ほどが顔をそろえるという。「おそらく日本一、平均年齢の高い同窓会やろう」と先生はにんまり。その同窓会光景をふと想像して、楽しくなった。

撮影は堺市の自宅の庭で。畑の野菜に水やりをしながら、土づくりの大切さを熱っぽく語られた。

〝恩師〟という言葉をこの日、久しぶりに聞いた気がするが、その師から受けた「心の栄養」は、大勢の教え子たちにしっかり受け継がれている。

編集委員　音田昌子

（98．7．25掲載）

対象に向かう勉強が大切

日本画家

奥田元宋さん

〈日本の自然に向かい続けている。とりわけ紅葉の山岳風景をとらえた独特の赤の世界で知られる〉

「風景画に取り組むきっかけは疎開生活です。もともとは花鳥や人物をやっていたんです。東京・池袋の近くにおりましてね。空襲がひどくなって昭和十九年（一九四四）に、郷里に疎開しました。広島の北の方、三次の近くの吉舎です。中国山地の山が連なるところです。その時に見た郷里の山河は、戦争という雰囲気から隔絶していた。自分の生まれたところで絶えず見ていたはずなんですが、こんなに美しいものとは思わなかった。それで風景を自分のものにしようと思って、近郊の帝釈峡などを写生して歩きました」

疎開生活が転機

〈郷里で暮らしていた戦後の一九四九年（昭和二十四）、松林の山に月が出ようとして

おくだ・げんそう

1912年（明治45）6月7日、広島県双三郡八幡村（現在吉舎町）生まれ。本名・巌三。旧制日彰館中学を出て31年に上京、当時の新進日本画家の児玉希望の内弟子となる。36年文展初入選、38年「盲女と花」が新文展特選。44年に郷里に疎開、このとき池袋駅にあった作品は空襲で焼失した。47年第1回個展、49年「待月」が日展特選。81年宮中歌会始の召人に選出、文化功労者。84年文化勲章、95年から日本芸術院第一部長。画集のほかに短歌集「豊饒の泉」がある。

いる瞬間を描いた「待月」が日展特選に。以後日本各地の自然を描き続ける〉
「（待月は）近所の風景です。中国地方のなだらかな、何のへんてつもない山、それに川も流れておらず、よどんでいる。たんぼに水をひくための川なんです。月が出る前、あまりに美しいんで描いた。二回目の特選ですし、風景でいく大きな自信になりました。それで再び上京したわけです」
「日本の風景の中で気に入っているのは十和田・奥入瀬と上毛三山の妙義山。奥入瀬の流れは、大きな湖から絶えずせんせんとして流れて尽きることがない。何か精神的な魅力があります。渓谷沿いにずっと道が通っていて、どこでも写生できる。せせらぎの音を楽しめる。じっと半日座って、写生もせずに音を聞いているだけでも楽しい。もちろん紅葉も新緑も素晴らしい。妙義は家から日帰りで行ける。関東には珍しい山で、表妙義は岩がそそりたって厳しいし反対に裏妙義は、親しみがある湖水があってとてもいい。厳しい面とやさしい面の両方がある。年に三、四回は行きます」
「好きな山に入ると、霊気のようなものを深く感じるようになりました。歳《とし》のせいでしょうね。（絵は）霊気をうまく引き出せるかどうかです。山を見るときの自分の気持ちが大事なのです。ぼんやりと見るのでなく、心がけです。（山は）生きているんです。向こうも生きているし、こちらも生きている。だから行くたびに違って見える。去年見たものと今年見たもの、その違いの中から、大切なものを見いだす。一番大事なのは人間の心境、対象に向かっての一年間の修練、勉強でしょう。自分の成長というか、その時の考えによって違ってくる。それが作家が生きているということであり、作家の生きる道ではないでしょうか」

今は富士山を徹底的に

〈絵は子どものころから好きだったという。郷里の旧制中学を出て上京して、同郷の日本画家・児玉希望氏の内弟子となったのが十九歳の春だった〉

「小学校の恩師が油絵をやっていて、よく写生に連れていってくれた。それが素地になったんでしょう、画家になりたいと思った。中学校のときには洋画をやっていたから日本画でも洋画でもよかったんです。児玉先生は遠い親戚《しんせき》で、いとこかだれかが紹介してくれて住み込んだんです」

「修業中にいつまでやってもだめではないかと思い始めて逃げ出した。同郷の男のところにころがりこみ、文士かシナリオライターになろうと思いました。谷崎文学をよく読んだし、映画が華やかで、監督の島津保次郎なんかにあこがれて、撮影所まで行ったこともあった。そのうち二年ほどたって、おやじが広島から出てきて、先生のところに謝りに行ってくれた。しかし勘弁してくれない。がっかりして帰るおやじを東京駅に見送ったんですけど、かわいそうで、悪いことをしたと思いました。そして一週間ほどして、（絵に）励むなら許すという連絡が先生からありました。かわいそうと思ってくれたのでしょうかね」

〈回り道をした奥田さんの「盲女と花」が新文展特選に選ばれたのは、その三年後、二十六歳の時。谷崎の「春琴抄」に題材を得た作品だった。

郷里広島で日展出品作「冬の山脈」を制作中の奥田さん（1950年）

文学、映画の世界をのぞいたことが結果として出世作につながった。それから六十年。三年がかりで取り組んだ京都・銀閣寺の襖《ふすま》絵を完成させた後、今度は富士山に挑むという〉

「銀閣寺は日本の名刹《めいさつ》ですし、ありがたいことだとお受けして全力投球しました。生きていればいいが、という心配もありましたから完成したときは本当にうれしかった。日本の風景が（私の絵の）中心なのは、やはり自分の住んでいるところだからです。徹底的にさぐって探検してみたい。今は富士山をあらゆる角度から徹底的にやってみたいと思っているんです。富士山は日本の象徴の山です。日本にしかないものを感じる山ですからね」

「自然は永久に生きている。こちらはいつまで続くかわからない。だから寸刻を惜しんで、なるべく自然と対峙《たいじ》しているのです。愛惜の情といいますかね。この歳になると、いかに生きるかということ、仕事をやりながら生きるということが大きな問題になりました。昔はただがんばってやろう、でしたが、違ってきましたね。目標を持つのが大事だし、自分なりに今年は何をやろうかと考えています。芸術は一作ごとに新しい。そういう職業ですから、ありがたいと思っています」

●聞き終えて

山から「気」創作意欲尽きず

東京・練馬。二年前に新築したという自宅二階のアトリエには、故郷の生家の写真がピンでとめてある。

「なかなか帰れなくてねえ」。妻の人形作家・小由女《さゆめ》さんも同じ広島・吉舎の出身。取材側二人も広島出身で、方言が出ると「なつかしいね」。広島の酒の銘柄など故郷の様子に話がはずんだ。

短歌では歌会始の召人に。書の個展も開催した。「(短歌と絵は)感覚的には同じ、方法論が違うだけ」といい、書家の杉岡華邨さんの個展パーティーでは、「平面の紙の上に筆を持って造形をするのは同じ」とあいさつしていた。

日本の風景に対峙する奥田さんが絵画、短歌、書を通じて、追い求めているのは、日本人の心そのものであり、尽きることのない創作意欲と芸術に向かう姿勢に圧倒され続けた。

「忙しくて外に出られないときにはストレスがたまってつらい」。しかし写生に出かけ、山に入ると元気になるという。「不思議なほど。何か山の気が入って来るんじゃないかしら」と小由女さん。自然の中に入ることが一番の健康法のようだ。

二年後には米寿を記念して、小由女さんとの夫婦二人展が計画されている。

それに向けての新作に早くも取りかかっている。どんな展覧会になるか。今から楽しみである。

文化部長　蔵楽知昭

(98. 8. 8掲載)

若い人を枠にはめるな

プラスチック研究者

大島敬治さん

〈わが国のプラスチック生産量は、年約千五百万トン弱。アメリカの四千万トン弱に次いで世界で二番目、第三位のドイツの約一・五倍だ。大島さんは産・官・学の懸け橋役として約七十年間、プラスチック産業とともに歩んできた〉

「戦争でわが国の産業は壊滅状態になりましたが、プラスチック産業も同様。その上、開発力、技術力は欧米に大きく遅れてしまった。そこで、世界の現状を知り、何としても追い付かなくてはと思って、まだ海外渡航が不自由だった昭和二十七年、フィラデルフィアで開かれた全米プラスチック見本市にやりくり算段して研究仲間二人と行ったんです。ポリエチレンやエポキシ樹脂、速硬化性フェノール樹脂、ＦＲＰ（繊維強化プラスチック）、加工用の真空成形機、全自動圧縮成形機など、いずれも日本では見られない製品や機械が展示されていて、その素晴らしさ、きらびやかさ、豪華さに息をのみました。彼我の科学技術力の差に打ちのめされながら会期の四日間、朝から夜までへとへとになって見学しました。心の中で『負けてなるものか』『やらねば』とファイトを燃やしながらね」

おおしま・けいじ

１９０８年（明治41）８月15日広島市生まれ。父は広島高等師範教授、大阪府教育主事などを務めた教育者。32年、大阪工業大１期生として応用化学科卒。同大はこの年、阪大工学部になったため卒業生は１期生限り。同年、大阪市立工業研究所に入り一貫してプラスチックの研究、技術指導に従事。43年、工博。53年に44歳で同所長に就任し64年まで務め、その後、住友ベークライトの常務・中央研究所長、専務、特別顧問などを経て83年退任。67年、紫綬褒章受章。プラスチック技術協会を主宰し、日本の高分子産業を育成した。

〈帰国報告会は全国で三十回余り。「ちょっぴり恥ずかしい思い」をしながら集めた製品見本やコップ、食器、造花、おもちゃなど一見して〝がらくた〟が引っ張りだこで、復興期のプラスチック産業に大きく貢献した。中には「真似《まね》するな」との条件で貸し出したところ、似た製品が登場して苦い思いをしたこともあった〉

戦後20年で世界に躍進

「昭和三十四年には、『これを見ずしてプラスチックを語るなかれ』と前宣伝がすごかった西独デュッセルドルフの見本市へ行ったんですが、巧みに考案された二次加工機械に感銘しました。ただ、三十八年に再度行った西独やその後世界各地で開かれた見本市には、それほど驚くものはなく、逆に日本の躍進ぶりに自信を持ちました。まだまだ独自に開発した製品は少なかったものの、終戦時から二十年足らずで先進国に追い付くところまできたと感慨深かったですね。率先して〝がらくた〟を日本に紹介した意味がありました」

〈プラスチックは二十世紀を代表する材料だ。一九〇九年（明治四十二）にベルギー系米人化学者ベークランドが特許をとったフェノール樹脂（ベークライト）が本格的なプラスチックの第一号。その後、次々に新製品が開発されたが、軽くて美しく、腐らない、加工しやすい、電気絶縁性がよい、軽さの割に機械的強度もある、安価……といった性質から社会の隅々にまで浸透した〉

「日本初のプラスチック展覧会が昭和六年、卒業後の就職先である大阪市立工業研究所（工研）で開かれたんですが、実はプラスチックという言葉は初耳だったし、工研がわが国の中心的研究施設だとは知らなかった。大学は応用化学科でしたが、高分子とか合成樹脂の講義はなかったし、当時の辞書には『可塑性、可塑物』と書かれている程度でイメージがわきません。展覧会にはフェノール樹脂の板や食器、配線器具、ソケット、歯車などが並んでいて、『何だ、これがプラスチックと呼ばれるものか！』と、大学三年のときに友人たちと試験管内でフェノール樹脂のようなものを作ったことを思い出しました。ほんのお遊びでしたが、それなりに興味を持ったものです。でも、まさかライフワークになるなんて思いもよりませんでしたね」

〈大島さんが工研に入った昭和七年のわが国の年間プラスチック生産量は、フェノール樹脂が千百二十七トンで、セルロイドや天然樹脂を合わせても一万トン余り。まだまだ揺らん期だった〉

「工研ではまず、ユリア樹脂を無色透明で常温で乾く木材用塗料にする研究を手掛けました。ユリア樹脂は美しいガラス様のプラスチックですが、しばらくすると亀裂が入って使い物にならなくなるのが欠点。素材の配合とか反応条件、硬化剤や可塑剤などを検討し、目的物を作って特許を得ました。『家の若返り不老不死、いのち…吹き込む、素晴らしい名薬を発明』と新聞で面はゆいほど褒められました。今、振り返ると不十分なものですが」

女子分析技能者たちと神鍋高原でスキーを楽しむ大島さん（後列右から3人目）。応召による男子技術者の不足対策で養成した女子分析技能者は腕が確かで、産業界から引く手あまただった（1941年ごろ）

50時間連続で実験も

「研究者として充実していたころで、日曜日に休んだのが年に三日だったり、五十時間連続で実験したりしたのも気になりませんでしたね。でも、すぐに業界の技術相談、技術者育成、製品の紹介などコンサルタント的な仕事が多くなり、管理職的な仕事も増えて研究一筋は夢になってしまいました。これも運命だったんでしょう」

〈昭和二十八年に四十四歳で工研所長に就任。三十九年に退任するまでに、新知識の習得や交流、普及の促進を目的に「プラスチック技術研究会（現・同協会）」を設立したり、「プラスチック・エージ」誌を創刊して企画・編集の中心になったり、国際標準化機構のプラスチック試験法の日本政府代表になるなど揺らん期から成熟期まで一貫して業界の発展に尽くした〉

「こつこつと実用的な研究をしたかったんですが、業界と学界の世話に追われてしまって。自慢できるとすれば、若い人たちに自由に研究させてやったこと。日本の研究機関の先生たちはとかく弟子を枠にはめて、その才能を伸ばそうとしない傾向がみられます。先生の思い通りになるような弟子は先生以上の大家にはなれないと知るべきです。先生たちは『出藍《しゅつらん》の誉れ』をあげるようにしてほしい。さもないと日本の進歩は期待できません」

「開発研究への投資は、自由競争時代の最大の戦略だと企業は心得てほしい。不況の今こそ、それを忘れてはなりません」

「律義で温厚」そして多芸多才

大阪市の郊外、豊中市の閑静な住宅地で、二階が大島さん夫婦、階下に製薬会社勤務の長男家族の二世帯住宅に住む。そのお宅へ、写真撮影も含めて取材に三度伺ったが、長時間嫌な顔一つせずに話に付き合い、カメラマンの注文通りにポーズをとってくれた。「律義で温厚」という評判通りの人だった。

若い時から酒もたばこも口にしない。しかし、決して堅物ではなく、宴席では真っ先に踊ったという。多芸多才なのだ。工研時代は大阪市の野球チームのエースとして腕をふるい、スキーやゴルフを楽しみ、最近までテニスボールを追っていた。

昨年、数えで九十歳になったのを機に、毎号寄せていた業界誌の巻頭言や工研広報誌のコラムの筆を折ったが、名文を惜しむファンが多いという。

使い捨て文明の象徴とか、環境ホルモンの原因になるなど最近、プラスチックに対する風向きがよくない。その対策について質問すると「自信をもってこうすべきだとは言えません。もう退役しました。老人扱いして下さい」との答えが返って来た。若い研究者に自由に研究させることをモットーにしていた大島さんだけに、研究の方向を示唆するような答えを差し控えたのだろうか？　だが、プラスチック研究の先達のアドバイスが一言欲しい気もした。

編集委員　中沢礼次郎

（98．8．22掲載）

希望摘んだらあきません

ファッションデザイナー

小篠綾子さん

〈世界を舞台に活躍する三姉妹デザイナー、コシノヒロコ、ジュンコ、ミチコの母。周囲からは〝コシノのお母ちゃん〟と呼ばれている。生家は呉服屋だったが、独学で洋裁を学び、二十一歳で開業。パッチの縫製から始めて、関西のファッションデザイナーの草分けに〉

「子孫に美田を残すなというのが父のモットーでした。その言葉通り、店を私に譲ってくれた時に残してくれたのは美田どころか多額の借金だけ。自分は呉服屋を畳んで公益質屋を始めるために、母と妹たちを連れてさっさと新しい家へ移り、店には長女の私とおばあちゃんだけが残された。当時私は十八歳。今思えば殺生な親ですよね。その時、父にこう言われました。『おまえは計画性がないし、出たとこばっかりの人間や。そやけどわりあい辛抱ができるから、ここでお金を貯《た》めてみい』と」

「でも、店にはミシンが一台ぽつんとあるだけ。どないしたらお金を貯めることができるんやろうと一晩ほど考えました。近所のおばさんに何かちょっとでもお金になることないやろかと相談すると、エプロンのポケットのかぎざきの修理を頼まれた。それを

こしの・あやこ

1913年（大正2）6月15日大阪府岸和田市生まれ。神戸で叔父が紳士服の縫製をしていたのを小さいころに見て、洋服作りに興味を持ち、岸和田高等女学校を中退後、独学でデザイナーへの道を歩む。

34年コシノ洋装店を開店。同年結婚し、ヒロコ、ジュンコ、ミチコの3女をもうける。43年に夫が戦死。女手一つで娘たちを育てあげた。

服飾界に長年貢献した功績で83年大阪府知事産業功労賞、86年勲六等宝冠章を受ける。87年熟年向けの「コシノアヤコ」ブランドを発表。自伝『ファッション好きやねん』は94年にテレビドラマになった。

きれいに繕って持って行ったら十銭くれて。父にその話をすると『そうや、それや。お金もうけというのは一銭から貯めていくもんや』と言われました」

ミシン1台で独立

〈独立と同時に結婚するが、夫は三女がまだお腹《なか》にいる時に戦死。以後ずっと父親と母親の二役を綾子さん一人でこなしてきた。幼い時から、昼も夜も懸命にミシンを踏む母の背中を見て育った娘たちは、そろって母と同じ道に。やっぱりカエルの子はカエル？「別に頼んだわけでもないのに、勝手になってしもて」と言いながら、娘の話になると顔がほころぶ〉

「仕事が忙しくて、どこへも遊びに連れて行ってやれず、学校の参観日に行ってやったこともない。世間様の常識からいえば私は母親としては失格やったと思います。ただ、子供には、自分が伸びてゆく個性があります。何かやりたいという個性。私はそれを絶対反対しなかったんです。あれをやりたい、これをやりたいという子供の希望だけは、芽を摘んだらあきません。うちの娘たちには何でもしたいことを全部やらせてきました。いややと言うたら『そう、ほなもうやめとき』。結婚もそう。この人が好きや言うたら『あ、そう、お母ちゃん、反対せえへんし、どうぞ結婚して下さい』。別れる言うても、『あ、そう。ほな別れなさい』。何をしても反対したことがない。子供たちもこれには感謝してますね。でもこれはなかなか難しい。親としてはやっぱり心配ですしね。よほど腹が太なかったらできません。つい親の個性や思惑が出る。だけど（子供は）任せてやると、自分で責任を持つようになる。その方が親はラクですよ」

「もうひとつ。親は子供に対して、大きくなったら何にしたいとか、ええ大学へ入れて、たくさん月給をもらえるようにして、年いったら養ってもらわんならんなどとつい期待する。でも、私はそれが全くなかったんです。最後まで、死ぬ一歩手前まで自分が働いて、子供たちの面倒みてやるわという、そんな気持ちでした。そういう強いもん持たなきゃ子供がついてきませんわ。絶対、弱腰じゃダメですね」

〈今の時代の子育てについては、「モノがありすぎて、過保護になりがち。何でも子供の言いなりになることは決して子供のためになりません」と苦言を〉

「うちの娘たちが小学生のころ、ピアノが欲しいと言い出したことがありました。当時で二、三十万円はしてたと思います。ミチコが近所の古道具屋にあるのを見つけてきて『たった八万円や。買うてよ』と言うのを聞いて、これは注意せなあかんと思い、『うちはピアノなんか買いません』とはっきり言いました。でも子供たちはあきらめず、店にお客さんが来ている時をねらって三人が交代でやってきては「なあ、ピアノ買うて」とせがむ。私も相当頑固やけど、娘たちもしつこくて。結局、一年ほど親子戦争が続き、何とかピアノはあきらめさせたのですが、代わりに百貨店で一万円のオルガンを買ってやりました」

「コシノ洋装店」の看板がかかる店の2階からだんじりを見物。右から3人目が綾子さん、左端がヒロコさん、2人おいてミチコさん、2人おいてジュンコさんの顔が見える（1950年ごろ）

娘に負けじ新ブランド

〈この話には実はまだ続きがある。ピアノ騒動はこれで一段落したのだが、こんどは三人で毎日、オルガンの取り合いが始まった。「これではまるで、けんかの種を一万円出して買ったようなもの」と思案の結果、思いついたのが税務署に差し押さえてもらうというショック療法〉

「たまたまそのころ仕事に追われて二十五円の税金が未納のままになっていた。それを思い出して、税務署に頼んでオルガンを差し押さえてもろたんです。税務署の人には『お宅も変わってまんなあ』と言われましたけど、子供たちに差し押さえの赤紙を見せて、税金が払えないので差し押さえられたと話すと、三人は声をそろえて泣きだしました。『わかったやろ。そやからあんたたちもあんじょう始末してな』と言って、薬は十分効きました。でも、この話を娘たちにしたのはごく最近のこと。そやからジュンコなんかは成人してからもよく、『うちとこ貧乏で税金払えんと、差し押さえられたことあったなあ』などと言うので、それを聞くたびにおかしくて」

〈十三年前、三姉妹合同の初めてのショーが実現。舞台で娘たちから花束を贈られて、気丈なお母ちゃんも思わず泣いた。もう母親の助けを必要としなくなった娘たちの成長を見届け、こんどはその娘たちに負けじと、七十代半ばで自身のオリジナルの『アヤコブランド』を創設。最近は洋服感覚で着られる着物作りにも新たな情熱を燃やす。「熱しやすく、冷めにくい」性格はどうやら生涯直りそうもない〉

●聞き終えて

〝ニッポンの母〟まだここに

大阪・岸和田駅前の商店街。〝コシノのお母ちゃん〟の店はだんじり祭の地車が通るコースに面している。毎年、祭りの日には数十人の客を招き、二階から見物するのがコシノ家の恒例行事になっていて、それが何よりの楽しみという。九月に入り、太鼓の音が聞こえてくると、お母ちゃんの血が騒ぎだす。

店で仕事をしているところを写真に撮りたいとお願いすると「ちょうど、やりたい仕事があったの。良かったわ」と、いそいそと仕事場へ。「私は仕事する女やから」と言いながら、慣れた手つきで布地をジョキジョキと切っていく。写真のためにポーズをとる気などさらさらない。あっという間に切り終わり、カメラマンをあわてさせる一幕も。

仕事にも子育てにも、コシノ流の筋を通してきた。娘がどんなに世界的に有名になろうとも、母は母でわが道を行く姿がさわやかだ。

だが、子煩悩さも人一倍のようで、今でも娘の一人がショーを開くと聞くと、遠方でも必ずかけつけて、励ましてやる。泉州名物、水なすの漬物を毎年漬けて、東京、大阪、ロンドンに住む娘たちの元に届けてやる話も有名だ。

身長百四十五センチと小柄だが、強くて優しい〝ニッポンの母〟がまだここに健在だと思うとうれしくなった。

編集委員　音田昌子

（98．9．12掲載）

休耕田なんとかせんと

栄養学者、京都大学名誉教授

満田久輝さん

〈九八年七月に二週間、アメリカ、カナダを旅行して来た。ニューヨークで、世界最大級のガス会社BOCのトップ技術者と二酸化炭素（炭酸ガス）とオゾンの混合ガスによる食品の殺菌・貯蔵法を打ち合わせるのが目的だった。京大を定年退官して二十年、まだばりばりの現役だ〉

「一九八九年に混合ガスにすると、単独ガスより殺菌効果が高くなるというアイデアを出し、国内外の特許を取り、日本学士院の紀要に発表していたんです。それを見たBOCのスミスマンという副社長らが、再々京都に訪ねてきて、共同でシステム組もうというんですな。アメリカでは肉のO《オー》157汚染が問題になっていたんです。一番の原因は黒コショウで、いっぱい菌がいる。それを炭酸ガスとオゾンで殺菌したら芳香は残る。そこに目をつけたんで、日本の会社なら黙って使うといったことがあるんですが、向こうはその点、知的財産権を非常に大事にする。

　今度ニューヨークに行って感心したのは町がきれいになって治安がよくなったこと。駐車違反がない。向こうの生活が長い弟子に聞くと、元検事長のジュリアーニ市長がし

みつだ・ひさてる

1914年（大正3）5月27日、大阪・船場で開業医だった父久治、母あいの男5人、女2人きょうだいの4人目として出生。旧制浪速高校（阪大の前身の一つ）から京大農学部へ。約100日間、熊本で兵役についた以外は栄養化学の道一筋。37歳で京大教授に。72年「米の栄養と米の貯蔵」を昭和天皇にご進講。定年退官後、5年間甲子園大学長を務めた。

　国際食品科学工学会インターナショナル賞、日本学士院賞などを受け、94年に文化勲章を受章した。現在日本学士院会員。

っかりしていて、厳罰主義をとってから町が明るくなって見違えるようになったそうです。トップが大事なんですね」

米を〝冬眠〟させる

〈人の健康を、栄養化学の面から研究したいと農学部農林化学科に進み、ビタミンと米の二本柱をテーマにした。ビタミンの方では、B_1を添加した強化米を実用化し、ビールの濁りをとるのにアスコルビン酸（ビタミンC）を使う方法を考案した。ともに最近まで三十年間使われていた技術だ。米の新貯蔵法は、六八年の冬眠米が始まりで、環境問題によって臭化メチルによる薫蒸処理が難しくなることから、改めて脚光を集めるようになった〉

「ヘビやカエルの冬眠のようなことが、籾《もみ》でもあるかなと考えたのがきっかけ。炭酸ガスを吸わせると、米粒のたんぱく質とくっついて吸収される。米がまずくなるのは空気中の酸素によって酸化されるからなんで、空気を炭酸ガスで置き換えたら、酸化されないからまずくならない。実際、米を積層フィルム袋に入れて炭酸ガスを吹き込むと、米粒が吸ってかちんかちんなって密封包装されるんですな。袋を破ってやると、吸っていたガスを吐き出すので、二、三年貯蔵してもおいしく食べられる。小麦や豆類でも同じように貯蔵できます。

六九年春に琵琶湖で水中貯蔵する実験をやり、その年の夏から愛媛県の鉱山の廃坑で三年間地下貯蔵したんです。中国や北朝鮮（朝鮮民主主義人民共和国）から招へいされ、技術指導に行ったりしました。桂米朝さんと対談したとき、炭酸ガスが米粒に少しでも残ってへんか、という話になったんで、『そんなこと言ってたらビールもコーラも飲めませんよ』と言って納得してもらいました」

〈フィリピンやミャンマーなどアジア各国で注目された貯蔵法で、日本では七二年から米穀配給協会が中心になって民間ベースで備蓄米として普及してきた。国としても九七年六月、食糧庁長官が満田さんを訪れ、本格的に検討することになった〉

「米の貯蔵で一番の問題はコクゾウムシによる虫害。日本では5%だが、東南アジアでは約40%が虫にやられている。臭化メチルの薫蒸はそのためにやるんですが、フロンと同じようにオゾン層を破壊するということで、先進国は二〇〇四年末に全廃の予定だった。それが二〇〇一年に前倒しされる見通しになっている。冬眠貯蔵だとコクゾウムシにやられたりせんから、それまでに何とかせんといかん。幸い新日鉄と大規模な共同実験を二年間やった経験がある。官、学、財界が協力して難題の解決に向かっています」

〈米との付き合いが長いだけに、減反政策を進める農政への批判は鋭い。九六年、読売新聞の「論点」に「食糧備蓄失政を繰り返すな」と題する論文を寄稿して、政策の転換を促した〉

「江戸時代から日本人は一日四百グラムの米を食べて来た。戦後の食糧難のときでも三百グラムの計算ですが、今は二百グラム。米が余っているんやない。食べなくなっただけ。減反じゃなく、食べる量を増やさないと。かつては、北海道で約七十万トンも作り、約五十五万トンを域外に移送し、

旧制浪速高校バスケット部主将時代、前列中央（10番）が満田さん、その左上（23番）は元大阪高検検事長の冨田正典さん（1933年、対全関学戦に快勝して）

新潟や秋田の米を逆移入していた。北海道産米だけではまずいので、混ぜていたんですな。米をまずくしたんで食べなくなったんです。札幌はウラジオストクと同じ緯度ですよ。米より馬鈴薯《ばれいしょ》のような気候に合ったものを作る方がいい。適地栽培が農業の原則です。

食糧の自給は安全保障の問題なんだが、それだけでなく国土保全、環境保全の問題でもあるんです。水田はダムの役割を果たすし、稲の葉が大気を浄化し、緑が人の目を和ませてくれます。新幹線に乗って窓の外を見ると、休耕田が目につく。何とかせんといかん思いますな」

教育は本当に大切

〈科学研究には「独創性」に加え、だれがやっても同じ結果がでる「普遍性」、まぐれではない「再現性」が大切だという〉

「偏差値教育のせいで、みんな小粒になって、日本人の特色がなくなってきた。私らの時代は、農学部でも隣の理学部の講義を聴くこともできたんです。動物生理学の講義を受けてたんですが、あるとき、三人しか出席していない。叱《しか》られるのかと思ったら、先生は『自分の部屋に行こう』と誘って紅茶を飲みながら、研究のおもしろさを話してもらった。若いときに受けた教育というのは本当に大切です。それに、自分の専門以外の広い分野から友人を持つこと。桂米朝や枝雀、小松左京さんやらいろんな人とつきあいさせてもらっています」

●聞き終えて

生活に直結　実り豊かな研究人生

「いい研究人生だった」という言葉には実感がこもっていた。強化米にしても冬眠貯蔵にしても、満田さんの研究成果は実生活に直結している。大学人としては、体育会会長時代に創立七十周年事業の一つの総合体育館の建設にかかわり、京大会館設立にも尽力した。いずれも形となって今に残っている。

古い写真を、とお借りしたのは旧制高校時代のチームメートと撮った雄姿。五人の兄弟がみなバスケットボールをやり、五人でチームを組んで高校や実業団のチームと交流試合をやったという。「元気なのはバスケットのおかげ。今でもボールを持ったらドリブルできますよ」

戦時中、潜水艦乗員用の携帯食を手掛けた。小麦の代わりに米を使うパンで、膨らますのに苦労したが、麹《こうじ》を利用する方法で解決し、当時の羽田亨・京都大学学長に「雄詰《おたけび》パン」と名付けてもらった。応召し特訓を受けたが、戦地に赴かなかったのはこの研究を続けるためだった。〝命の恩人〟を良心的なパン屋に作ってもらおうかと考えている。

戦後の食糧難時代、「栄養学の先生が栄養失調になっては」と、京都市内の自宅でヤギを飼った。紙と鉛筆の理論家にはないたくましさが感じられるエピソードだ。撮影場所に選んだのは自宅に近い上賀茂の田んぼ。「ここが一番似合っているな」

科学部長　松本　弘

（98．9．26掲載）

日本の自然大切にして

写真家

緑川洋一さん

「北は北海道から南は沖縄まで、日本ほど自然が豊かで変化に富んだ国はありませんね。全長三千五百キロ・メートルの日本列島は、亜寒帯から亜熱帯にまたがり、流氷の海があるかと思えばサンゴ礁あり。そして何よりも春夏秋冬、四季のうつろいがある。この日本の美しい自然を、遠い祖先から受け継いだこの素晴らしい自然を、破壊することなく、汚さないで次の時代へ譲り渡したいというのが私の願いです。地球四十六億年の長い歴史を経たいま現在の日本列島を写しているんだと、そんな気持ちで写真を撮り続けてきました」

原点はふるさとの海

〈瀬戸内海を中心に、日本各地の風景を撮り続けて五十年余。目の前の風景を独自の感覚でとらえた幻想的な作品が多く〝色の魔術師〟などと呼ばれる。その原点は、幼い日に見たふるさとの海。絵の好きだった父親に連れられて、よく浜辺に日の出を見に行

みどりかわ よういち

1915年（大正4）3月4日岡山県邑久町虫明で呉服屋の長男として生まれる。県立閑谷中学校から日本大学専門部歯科医学校へ進学。37年に岡山市内で歯科医院を開業。

学生時代に趣味の模型の飛行機を撮ったのがカメラとの出合い。歯科医の仕事の合間に近在を回り、瀬戸内の風景や人々の暮らしを撮り写真誌に投稿。その才能を認められる。47年ごろから本格的に瀬戸内海や日本各地の風景写真を撮り始める。

92年に岡山市西大寺に緑川洋一写真美術館を開館。全国写真集団「風の会」主宰。日本写真協会理事。

った。東の空が次第に染まり、島と島の間から真っ赤な太陽が昇る。「巨大な火の玉が水の中から現れるのが不思議でたまらなかった」と振り返る〉

「昭和三十三年にキヤノンの写真コンテストに入賞して、そのごほうびでヨーロッパを回ったのですが、その時、ノルウェー最北の港町、ハンメルウエストで白夜の丘の上から見た光景が、ふるさとの海の風景とオーバーラップしましてね。太陽の光を浴びた家並みが赤、黄、青と色とりどりに美しく輝くさまを見て、『よし、帰ったら、瀬戸内海をこのように撮ってやろう』と思ったのが、今のような写真を撮りだしたきっかけです」

〈その瀬戸内海の光景も時代と共に大きく変わった。かつては石を積んで作られていた防波堤も今はコンクリートの要さいのようになってしまった。「石のすき間が魚のすみかになっていて、ウナギがとれたりしてたのですが」と昔を懐かしむ〉

「私の家のすぐそばを流れていた川も、子供のころはさまざまな水草が茂り、フナやメダカが泳いでいましたが、川の改修でコンクリートの水路になってしまった。なるほど、山から流れる水はコンクリートの水路を通って海へと流れていきます。でも、以前なら山の水は水草で浄化され、きれいになって流れて行ったのが、今は濁ったままの山の水がそのまま海へ流れていく。そこには生き物の姿も見えません。昔のものが何でも良かったとは思いませんが、自然との共存ということをもっと考えてほしいですね」

「瀬戸内海の砂浜も開発が進み、島の部分を除くとかつての98%が失われてしまった。でも、海辺に立つとほっとやすらぎを感じるのは、砂浜があるからです。山の中にある人造湖は何となく不気味でしょう。あれは山がすぐ水の中に入っている感じがするからです。白い渚《なぎさ》があってこそ、水辺は心なごむ憩いの場となる。それがどんどんなくなっていくのは残念ですね」

「数年前に訪れたエーゲ海のミコノス島では、昔のままの自然をうまく残して開発が進められてました。町の条例で、海辺にホテルを建てることは禁止されており、少し小高い丘の上にあるホテルは、民家風の二階建てで、自然の風景の中にしっくりととけこみ、古い港町の裏通りは歩道の色まで家並みと同じ白で統一されていました。それにひきかえ、瀬戸内海では海辺の一等地に風景とそぐわない近代的なホテルや娯楽施設がどんどん建っていく。もっと日本の自然を大切にしてほしいですね」

〈戦前から瀬戸内の島々をめぐり、石切り場の労働の情景や、漁村の人々の暮らしぶりをファインダーを通して見つめてきた。それだけに自然を愛する気持ちはだれよりも強く、その自然が壊されていくことを悲しむ気持ちも人一倍強い〉

「かつて自然は、人間をも包括した自然でした。自然と人間はバランスをとって暮らしていたのです。それが最近は、自然と人間が対立してるような場面を多く見かけるようになってしまって……。やっぱり人間は自然を尊重して、自然と共に暮らしていかなくてはいけないと思います。そうでないと、いつの日か自然から大きなしっぺ返しをくらうことになる。地球の温暖化、各地で相次ぐ洪水など、そのしっぺ返しはすでに始まってます。人間が思いのままに自然を壊し、勝手にいろんなものを作るのはおこがましいのではないでしょうか」

歯科医の仕事のかたわら、本格的に瀬戸内海の写真を撮りだしたころ。岡山市内を流れる旭川の堤防で、妻の貞子さん、長男の皓一さんと（1949年）

人はもっと謙虚に

「何をするにしても、昔の人間はもっと控え目だったような気がします。道を作るのも、ただ人が通れればそれでいい。漁師も自分が何とか生計を立てられるだけの魚が取れればよく、必要以上に取りすぎることはありませんでした。それが今は取れるだけ取ろうとするから、すぐに魚がなくなってしまう。自然に対して、人はもっと謙虚でありたいですね。控え目とか謙虚という言葉を最近はあまり聞かなくなりました。物質的に豊かになるのに合わせて、精神的、道徳的なものも同じように増えていかなければならないのに、そっちの方はむしろ減っているのが気になります」

〈明石大橋が完成し、瀬戸内海が今、新たに脚光を浴びている。当初、緑川さんは国立公園の中に鉄の橋を架けるのには反対で、海底を通すべきだと力説したが実現せず、橋が完成する一年ほど前に、皮肉にも架橋公団から橋の撮影を頼まれた。「で、つぶさに新しい橋を眺めると、これが実に無駄のない機能的な構造で、美しいと思うようになりました」と語る。新しいものはあまり好きではないが、新しいものがすべて悪いわけじゃないんだと、ちょっぴり認識を改めたとも。どんなに景観が変わっても、瀬戸内海への思いは変わらない〉

●聞き終えて

人間を見つめる温かいまなざし

今年一月に七十七冊目の写真集『花あそび』を出版。弟子たちが〝著書の喜寿祝い〟をしてくれた。孫の藍ちゃんが小学一年生の時に一緒に遊んだ野の花を〝緑川流〟に撮った数十点。「おかげで私のファン層が幼稚園児にまで広がりまして」

JR岡山駅に近い自宅は、診療所を兼ねた二世帯住宅。長年続けてきた歯科医の仕事は長男が継いでいる。「ぼくが二足のわらじで忙しくしていたのを見て、早く大きくなって、後を継いであげたいと、中学時代に作文に書いてくれた孝行息子です」と語る。

自宅でお話をうかがった後、西大寺の写真美術館まで、先生の運転する車に乗せていただいた。白い車体に黒いほろ付きのおしゃれなスポーツカータイプ。免許歴六十年。速度違反でつかまり、警察官に「お達者ですな」とひやかされることも。

「先日も同乗の孫に『おじいちゃん、何台抜ける？』と言われ、一台、二台と数えながら抜いてたら、十八台目でつかまっちゃってね」。

もちろん、シルバーマークなどつけてない。何とも元気な八十三歳だ。

数年前から取り組んでいるテーマが「生きる」。エーゲ海をバックに語り合う若い男女を撮った作品を見せていただいた。〝人間のいる風景〟を見つめる老写真家のまなざしは優しく、温かい。

編集委員　音田昌子

（98．10．17掲載）

ものの命
最後まで守って

人形作家
渡邊うめさん

「農村の生活も、今はすっかり機械化されてしまって。田んぼへ行ってもトラクターが走っていて、何だかあっけないですわ。私が作る人形は、一昔前の日本の農村で働く人々の姿を人形にしただけのものです。昔といっても、つい三十年ほど前まで、全国どこでもこうした風景が見られました。人形たちの顔を見てやって下さい。働くことを少しも不平に思っていない。みな表情が生き生きとしてるでしょう。私はそんな農民たちが大好きで、あの手作業時代の姿を忘れてはなるまいと、思い出すまま、折々の様子を人形にしてきました」

〈例えば「至福の時」という作品がある。若い農婦が田んぼのあぜで、胸をひろげて赤ちゃんにお乳を飲ませている。幸せに満ちた顔。母親としてのまさに〝至福の時〟である。だが、単にそれだけではないと渡邊さんは言う。一日中、腰をおろすひまもなく働く農村の女たちにとって、子供にお乳を飲ませるひとときは、つらい野良仕事から解放されるつかの間の喜びの時でもあるのだと〉

「昔の農村の女たちはよく働きましたよね。産み月でもはだしで水田の草取りをした

わたなべ・うめ

1907年（明治40）3月12日、青森市で生まれる。父親は教師。9歳の時、北海道へ移転。開拓農民の生活を身近で見聞きしたことが、農民の生活に関心を持つきっかけに。

27年北海道大学医学部付属看護法講習科を卒業。35年東京市麻布区（今の東京都港区）南山小学校の学校衛生婦になる。人形作りを始めたのはこのころ。37年同校の教諭だった武一氏と結婚。しばらく共働きをした後、戦争が激しくなったため、44年に夫の郷里の兵庫県八鹿町に帰り人形作りを続ける。兵庫県文化功労賞（95年）、青森県文化功労者賞（97年）などを受賞。

り。私の人形は、戦後住んでいた夫の郷里の八鹿町の農民たちがモデルですが、但馬では水田の草取りを草這《は》いというんです。四つん這いになって水の中を這い進みながら両手で草をむしる。真夏の炎天下、大きなおなかをかかえて草這いをしていた女たちの姿を私は決して忘れません」

真剣に生きる人々の姿

「『至福の時』には、実は忘れられない思い出があります。もう五十年以上前のことですが、東京から夫の郷里に戻った時に、人形を作ってほしいと頼まれたことがあります。相手は裕福な地主さんでした。乏しい材料で工夫して心をこめて作り、私は美しくできたと思いました。でも、それを見た地主さんは『こんな木綿着の百姓女を、床の間に飾れるか』とえらいけんまくで怒りだしたのです。『こらえて下さい』と板の間に頭をこすりつけて泣く姑《しゅうとめ》に、謝る必要などないと言ったのを覚えています。そんなことがあって、今、私の人形で展覧会をしてくれたり、いろんな賞をいただいたりして、何だか複雑な気持ちですね」

〈人形を本格的に作り始めたのは夫が亡くなった十五年前からだが、農民への思いはもっと昔にさかのぼる。東京で初めて作った人形が、売られてゆく娘を題材にした「凶作地から」。フランス人形のコンテストでこれが入賞。青い目でなく日本人の顔をした〝農民人形〟の第一号である〉

「農民でもない私がどうしてこのような人形を作り続けるのかとよく聞かれます。一言では言えませんけど、農民てすごいな、真剣なんだなという思いがずっとありますね。とくに心に強く残っているのが北海道で聞いた開拓農民の話。中でも忘れられないのが、産婆がいないため、妻の出産に夫が立ち会い、へその緒をカマで切るという話。ヘソの緒がどこでどうつながっているのかも知らなかったけど、草木を切るカマで体の一部を切って生かされているんだということが、多感な十代の私には何とも切ない話として心に残りました」

「その後、北大の看護学科へ入り、開拓地から診察を受けに来る人の中に、腕の手術を受けに来る子供がいました。小さいころから枯れ草がおむつ代わり。そでのある着物など着せてもらえず、ふろしきのような布にくるまれて育つため、腕がくっついてしまい、関節があるのに腕が動かないんですね。それを手術して切り離して、リハビリで動けるようにするのですが、もしかしたら以前に、私があげた古着を着てた子じゃないかと思ったりしましてね」

〈〝但馬の土に生きた人々〟。夫の友人がこう名付けてくれた人形たちは、皆かけがえのないかつての隣人たちである。人形の着物は村のおばあさんが手機で織った古い木綿布を、農機具は手作業時代のものを探して古老に使い方を聞き、人形に合う寸法に縮尺して作る。例えばカマやナタはボール紙で作り、4Bの鉛筆で黒く塗る。「私の人形はお百姓との合作です」〉

いつも弱者にしわ寄せ

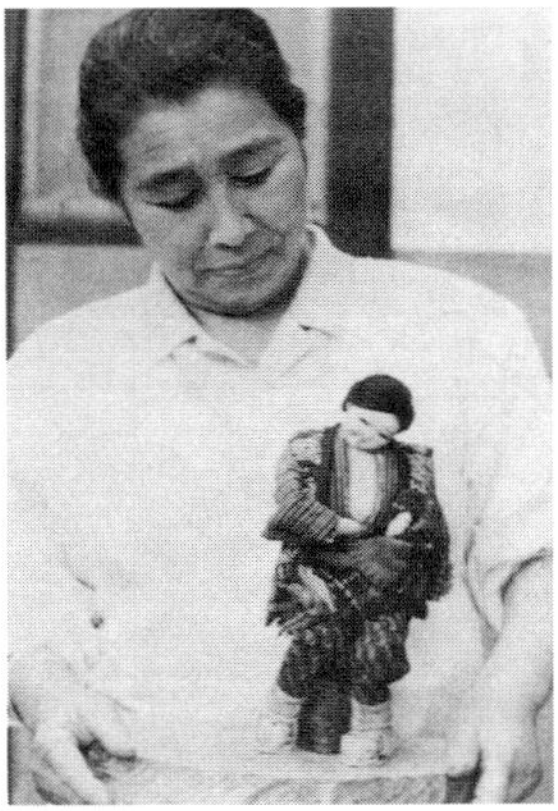

民芸品全国コンクールに入賞した人形を手にする渡邊さん（1963年、八鹿町で）

「指輪もはめず、宝石も身につけない農民は、ものの命を最後まで守ります。ひざの抜けたズボンを、都会のサラリーマンははくでしょうか。農民は違う布でもそこに当て、母親や妻が一針、一針丹念につくろって用います。それは布そのものの命を大切に思うからです。私たちは祖父母や両親から、ご飯粒を粗末にしたら、目がつぶれると言って育てられました。こぼしたご飯粒は、ていねいに拾って食べたものです。それは作った者の苦労はもちろん、自然の恵みの成果をよく知っているからです。風水害での不作の恐ろしさは身にしみているのです。それが今はどうでしょう。今の子は平気で食べ物を残すし、町にもまだ食べられるものがいっぱい捨てられている。これを豊かというのでしょうか」

「農村の生活も今はすっかり変わってしまって。以前には暮らしぶりがある程度想像がついたんですけど、機械化してから隣の人も向かいの人も、豊かなのか、貧しいのか全然見当つかんですよ。田んぼへ出て働いてた女の人が、皆、機械のお金を払うためにアルバイトで働きに出るようになって。どうしてこんなに変わってしまったのか、不思議でたまりません。

でも、歴史は繰り返すって本当ですね。昔、開拓農民の村では、五十歳以上の人は将来の労働力とみなされず、食糧をもらえなかったと聞きました。だから親を含めて一家七人で移住してきても、五人分の食糧で暮らさねばならなかった。それが今、不況で大きな会社でも中高年の人たちがどんどんクビになっている。時代は変わっても、常に弱いものにしわよせがくる。歴史は同じことを繰り返すんだなと思いますね」

●聞き終えて

〝隣人たち〟に不思議な懐かしさ

お話をうかがったのは、明石市内のケアハウス。長年住み慣れた八鹿町から、昨年春、ここへ入居。日当たりのいいワンルームの居室で人形作りを続けている。

棚に大八車を引く老農夫の人形があった。幼い孫娘を乗せて、田んぼへ急ぐ姿が、顔のしわまでリアルに作られている。「顔はメリヤスの布の中に脱脂綿を入れて、表情は針一本でこうやって出すの。若い女の人より、おじいさん、おばあさんの方が作りがいがあって」と手にとって説明してくれた。

しま柄の着物にわらじばき。じっと見ていると、前にどこかで会ったことがあるような不思議な懐かしさを感じる。「よくそう言われるんですよ」と渡邊さん。〝かけがえのない隣人たち〟は、古きよき時代の平均的な日本人像なのかもしれない。

〝但馬の土に生きた人々〟のシリーズで作った人形は、この十五年間で百点余り。「でも人にあげることが多くて、手元にはほとんど残っていません」という。数年前、八鹿町に七十五点を寄贈。この九月に同町にオープンした「県立長寿の郷」で開館記念の作品展が今月末まで開かれている。

「農村の生活も今はすっかり変わってしまって」と嘆きながらも、「このへんで新しい現代の農民人形を作るしかしようがないかな」と。九十一歳の夢はまだまだふくらむ。

編集委員　音田昌子

（98. 10. 24掲載）

人のためになればいい

ボランティア活動

中村定市さん

〈現役時代は瓦葺《かわらぶ》きの名人として知られ、重文級の寺社の屋根の修復も数多く手がけてきた。だが、六十八歳で引退してからはボランティア一筋。月に数回は安土町にある老人ホーム「安土荘」に通い、お年寄りたちの話し相手をするほか、町内の催しの手伝い、子供たちに昔話を語る会など、幅広い活動を続けている〉

「大正生まれの私らの世代は、明治の親父《おやじ》に育てられ、〝忠君愛国〟の教えをしっかり受けて、お国のためにとただひたすら働いてきました。満州事変、支那事変(日中戦争)、大東亜戦争（太平洋戦争）と三つも戦争を体験し、恋も自由もない青春時代。やっと終戦を迎えたと思ったら、こんどは再建日本という大きな仕事を背負わされ、がむしゃらにこの五十年余を生きてきたような気がします。ふと気がつけばもう老年期。つくづく損な世代やなと。でも、今は残された日々を、少しでも世のため人のために尽くして生きたいと思うてます。これまで（戦争で）人を殺したこともあるし、女を泣かせたこともある。さんざん悪いことをしてきた私の、それがせめてもの罪滅ぼしやないかと。それにまあ、生きている間にちょっとでも人に親切にしておけば、ひょっとして極楽へ行

なかむら・さだいち

1915年（大正4）5月9日滋賀県蒲生郡安土村に生まれる。30年高等小学校卒業後、近江八幡の瓦職人、吉村長蔵氏に師事。34年12月に軍隊へ入り、中国・ハルビン、フィリピンなどで戦う。大阪の陸軍造兵廠にも2年間勤務。終戦後、郷里に戻り再び瓦職人に。皇居・二重橋の門や京都御所、佐々木神社など文化財の修復も手がける。

68歳で引退後は町の社会福祉協議会事務局長、老人会の文化部長、神社の役職などを歴任。現在は全国ネットのボランティアグループ「NALC」安土支部の最年長会員として活躍。町の有線放送でも月1回「薬草の話」を放送している。

けるかもしれんと思いましてな」

お金はもういらん

〈大勢の戦友が目の前で死んでゆくのを見た。自分の命を守るために敵を倒さねばならない時もあった。戦争の思い出をたまに老人ホームなどで語ると、会場は静まりかえり、涙ぐむ人もいる。そんな過去への償いの気持ちが〝元気もん、定さん〟を、ボランティア活動に駆り立てる〉

「ボランティアをしていて一番良かったなと思うのは、人に喜んでもらえることやろね。月に五、六回、老人ホームへ行きますが、私が玄関を入るとみんなが寄ってきて、握手ぜめになります。『きょうもすまんのう。ありがとう、ありがとう』と何回も頭を下げてくれはる人もいる。ホームに今いるお年寄りは九十五人ほどですが、ほとんどの人が何か病気を持ってます。でも一人では病院へ行かれへん人が多いので、私らが手を引いて病院へ連れて行ってあげるんです。戦時中に苦労したことなどおしゃべりしながら、私自身、けがをして人に助けてもろた時のことなどを思い出しますね」

〈妻の八重さんが「安土荘」で踊りを教えていたのに触発されたのが介助ボランティアを始めたきっかけという。「この年でできるかな」と迷ったが、と思い切って飛び込んだ。介護のグループでは〝黒一点〟。「女の人を裸にするのだけはかないませんわ。でも、中には『おじいさん、してんか』と私を指名する人もおりましてな」と笑う〉

「今の時代は何でもお金、お金で、金もうけになることばかり考えてる人が多い。けど、私は金はもういらんのです。軍隊の恩給をもろてるし、年金ももろてる。ばあさんと二人、毎日、食べるのに困らんだけの金があればそれでええ。だから講演を頼まれても、謝礼のお金の中から交通費だけもらって、残りはその場で返します。薬草のお礼もお金では絶対に受け取らんもんやから、お酒やらお菓子やら品物ばっかり増えてしもて。品物は仕方ないから受け取っとるけど、必ず別の物でお返しするようにしています」

〈律義で頑固なところは明治生まれの父親譲り。実家は代々続いた農家で、学校を出るとすぐに瓦職人の親方の家に見習い奉公に出された。厳しい修業の日々も今は懐かしい思い出に。親方から受けた教えが人間形成に大きく役立ったと振り返る〉

「今の若い人は何でも自由でよろしいなあ。私らのころは、農村では跡取り以外はみな家計を助けるために、でっち奉公か見習い奉公に出されたもんです。私は高いところへ上るのが好きやったんで、屋根屋になるのはうれしかったけど、すぐに屋根の上へ上がらせてもらえるんかと思うてたらそうやない。まず最初の一か月ぐらいは下で古い瓦を触るだけですわ。親方が仕事先から戻ってくるまで、それでいろんな形のもんをこしらえて、それを見てもらう。でも親方はなかなかほめることをしない人でした。今から思えば、ほめるのは弟子のためにならんと考えてたのやろね。

「健康ニュース」139号に

体が小さかったので、少しでも強くなろうと、夜は警察へ柔道を習いに行ってました。腹が減ると帰りにうどんを食べに行くのですが、当時、小遣いが一

瓦職人の修業時代。徴兵検査を間近に控えていたころ。親方の名前入りのはんてんを着て（1934年、滋賀県安土町で）

か月五十銭でうどんが一杯五銭。うどんを食べられる日と食べられん日がありました。ちょうど年季が明けるころに徴兵検査の通知が来て。『これが最後の仕事になるかわからんなあ。お前と二人でこれを仕上げたらあとはゆっくり休みをとれ』と親方に言われて二人で屋根に上ったのを覚えてます」

〈中村さんのもう一つの仕事は、薬草の栽培・採取と手書きの「健康ニュース」の発行だ。現役を引退したころにいくつかの病気をしたが、医者から教えてもらった薬草で奇跡的に回復。その体験を一人でも多くの人に伝えようと始めたものだ〉

『健康ニュース』はもう百三十九号まで出しました。薬草の効能や食生活の注意などを書いて希望者に送ってます。時には自作の歌や川柳を載せたりしてね。今の私の心境を詠んだのが次の句ですわ。

我が身とて　人のために　なればいい
下手な句も　たまにはいいよ　ボケ予防
目がさめて　手足動いて　お念仏」

〈ペンネームは路傍津人。ロボットと読む。人のまねしかできないからと、謙そんの意味でつけた名前に、ある人がこの漢字をあててくれた。その字の通り〝路傍の人〟として生涯を貫きたいと思っている〉

●聞き終えて

自立して生きる〝ニューシルバー〟

腰は少し曲がっているが、すこぶる元気。自室のカレンダーには、一か月先までの予定がびっしり書きこまれていた。十数年前、心筋こうそくになって以来、お酒は控えているというが、押し入れの奥には日本酒の瓶がずらり。薬草のお礼にもらったものらしく「くれるもんやから仕方なく飲んでまんねん」と言いながら、湯飲み茶わんにぐいとつぐ。その飲みっぷりのよさに見とれていると、「このお酒、おいしいよ」と、お勧めの近江の地酒を私にも冷やで一杯ついでくれた。

安土町の自宅には、近くの野山で採ってきたヨモギやタカノツメなどが所狭しと置かれていた。採取した薬草を洗い、乾燥させるのも大切な仕事。撮影もそんな日常の一コマを。

奥さんの八重さんが心臓が悪いため、食事の支度や入浴の世話は定市さんの役目とか。「恋愛結婚やから、最後まで責任を持たな」と少し照れながら。のどかな秋の昼下がり。寄り添って歩く姿がほほえましい。

罪滅ぼしで始めたボランティアが今は大きな生きがいに。「もう十分償いをしたのでは」と尋ねると「さあ、まだまだあかんのと違いますか。でも命ある限り続けます」ときっぱりと。

支えられる側から支える側に。自立して生きる現代の〝ニューシルバー〟のお手本となる人だ。

編集委員　音田昌子

（98．11．14掲載）

言葉は時代とともに変化

国語学者
金田一春彦さん

「言葉というのは、時代とともに絶えず動いて変化するものです。その意味で、今の日本語が乱れているとは私は思いませんね。そりゃあ、個人的には、女性はやはり女性らしい言葉を使ってほしいといった思いはありますが……。それと、外来語はたしかに少し入り過ぎましたね。注文するでいいとこを、オーダーするとか、店のことをショッピングストアとか。病院でも最近はやたら片仮名が多いね。病人を乗せる車がストレッチャーで、『ストレッチャーでトランスポートする』なんて言ってる。看護婦の詰め所がナース・ステーション。何だか乗り換えるところみたいだな」

〈親子二代の国語学者。最近の日本語の乱れについても、さぞや言いたいことがたくさんあるだろうと質問を向けたのだが、意外にクールで寛大なのが印象的だった〉

「例えば戦前の小学校の教科書では、国語と歴史で違う字体の漢字を使ってましたし、送り仮名にしても当時はめちゃめちゃでした。明治の文豪、漱石や藤村の作品にも、誤字・当て字がよく見られますし、斎藤茂吉の自筆の書簡なども、今の小学生から見たら間違いだらけ。昔の人は小さいことは気にしなかったんでしょうね。それが統一される

きんだいち・はるひこ

1913年（大正2）4月3日、言語学者、金田一京助の長男として東京・本郷で生まれる。旧制浦和高校から東京大文学部に入り、37年卒業。東京府立第十中学教諭を振り出しに名古屋大、東京外語大、上智大などに奉職。主な専門は日本語の方言・アクセント。62年鎌倉時代のアクセントの研究で文学博士号を得る。国語学会代表理事、日本方言協会理事などを歴任。

平家琵琶の譜面の読み方を解説した「平語考」で、97年文化功労者に。ロングセラーの岩波新書「日本語」（上下）は88年に新版が出ている。

のは戦後のこと。文部省の戦略は、一つはやさしくしよう。もう一つは二つ以上違ったものがあるものについては一つにしようというのがねらいで、それはほぼ成功したと思いますね。その意味では今の日本語の方がむしろ、よく整理されているといってもいいでしょう。

結局父と同じ道に…

ただ、行き過ぎた面もありますね。例えば漢字。漢字の一番いい点は、少しぐらい形が違っていても読めることだと私は思ってます。例えば寿の字なんて風呂敷《ふろしき》などに使われている字体は百通りぐらいあるでしょう。それを棒が一つ余計だとか、はねるとかはねないとか、そんなこと言うのはヤボの骨頂ですよ。もし正確な漢字を書きたければワープロを使えばいい。ワープロはそのためにあるんです」

〈父親の京助氏はアイヌ語の研究者として知られる。清貧を地で行く学者の生活で母親が苦労するのを見て育ち、「学者にだけはなりたくない」と思っていたという。だが結局、父と同じ道に。昨年、長年の平家琵琶研究の業績で文化功労者に選ばれた。これも親子二代の栄誉。「これでようやく父に近づけた気がします」と語る〉

「父と同郷の石川啄木が、うちにしょっちゅう金を借りに来てまして。そのたびに母は父から言われて質屋に自分の着物を持って行く。『同窓会があっても着て行く着物がない』とよくこぼしてました。だから私は石川啄木というのは石川五右衛門の弟ぐらいにしか思ってなくて。そんな父をふがいないと思い、自分は家族に貧しい生活をさせたくないと、声をかけられれば何でもやりました。友人の福田恆存に〝学商〟なんて言われたこともありました」

〈国語辞典や教科書の編さんを引き受けたのも、一つはお金のためという。だが、戦後、三省堂から頼まれて編さんした中学の国語の教科書は、戦後の国語教育の改革に大きな役割を果たした〉

「アメリカの国語の教科書をまず集めて調べてみると、いわゆる名文を集めた日本の国語の教科書とは違い、生活の中で自分で調べさせたり、考えさせる材料を提供するものが多い。これだと思いましてね。それをまねて作ったものがアメリカのＣＩＥ（民間情報教育局）に激賞されまして。でも、時々、妙な注文がつきました。例えば、アメリカの教科書にボウフラを育てた体験談があって、面白いので日本でも同じような作文を探してきた。ところが最後に『ボウフラを捨てた』とあったら『ボウフラを殺さずに捨てると、みな蚊になって人の害になる。だから、はっきり『殺した』と書かなければいけないというんですね。

とくにうるさく言われたのが、自分を大事にしろという教材が必要だということ。私は自分を大事にするなんてだれでもやるじゃないか。それより他人を大切にしようって書いた方がいい、書くべきだと思ってました。日本では人のために尽くせ、親孝行しろといわれてましたから。でも、そういう教材を集めてくると、封建的だとしかられる。不承不承、むこうの注文通りにしましたが、今になって、あれはやっぱり間違っていたなと。今の若い人たちや教育の現状を見ると、あの時、もう少し自分に勇気があったらと、憶病だった自分が悔やまれてなりません」

旧制高校時代、東京・阿佐ヶ谷の自宅で父親の京助氏と（１９３０年ごろ）

日本語の長所　危機救う

〈終戦直後に行われた「読み書き能力調査」も忘れられない思い出の一つという。日本の漢字・仮名は難しいからローマ字を使わせようとアメリカが考え、その基礎調査として実施したもので、金田一さんも、その問題作りに協力した〉

「戸籍簿から無作為に抽出した人を集めて試験をするので、だれに当たるかわからない。私の担当した地区で、一人だけ会場に来てない人がいて、家に迎えに行くと、小学校も出てないおばあさんで、読み書きは全くできないという。私のような者が行っては天子様の恥になる。代わりに娘を行かせるからと、娘がちゃんと化粧して待っていた。けれども代理はだめなので、何とか説得して連れて行きました。でも、このおばあさん、五点だか七点だか取ったですよ。うれしかったですね。つまり、自分の名前だけは書けた。たまたま名前が『はな』で『は』と『な』の字は読めたので、次の中から『はる』はどれですかと選ばせる問題には何とか答えられたのです。これが英語の春だと、『SPRING』と全体が一つの単語だからそうはいきません」

〈日本人の成績は予想以上に良く、零点の人はほとんどいなかった。日本の教育はさすがに素晴らしいとアメリカ人も驚き、二度とローマ字の話は出なくなった。日本語の長所が日本語の危機を救ったといえる〉

●聞き終えて

シャイで音楽好き　平家琵琶も演奏

金田一さんといえば、国語辞典や教科書でおなじみの日本語学者。私もそのお世話になった一人だが、改めて、戦後の新制教育がスタートしたころの思い出話をじっくりとうかがうことができた。とくに、新しい国語の教科書の編さんの話では、「あの時、もう少し自分に勇気があったら……」と胸の内をもらされたのが心に残った。

専門は日本語のアクセント。「文法も日本語の歴史も父にはかないそうもなくて、唯一、勝てそうだったのがこの分野でした」と言うが、アクセントに関心を持ったのは、ご自身が音楽好きだったことも多分に影響しているようだ。高校時代には本気で作曲家を目指したこともあるという。

ライフワークの「日本語のアクセント史」研究の一環で始めた平家琵琶の研究でも、日本でただ一人しかいない長老に師事し、古来の奏法をマスター。二百曲を五線譜に記録した。

元来は非常にシャイなのだそうだが、テレビのクイズ番組に出たり、有名人カラオケ大会で最優秀歌唱賞を獲得するなどのタレントぶりも発揮。今年九月には初めての作曲の本を出版した。書名の「白いボート」は西条八十の詩に若いころに曲をつけたもの。同じ小学校出身の安西愛子さんが出版記念会でこの歌を歌ってくれたといい、「専門の論文が本になった時よりうれしくて」と細い目を一層細めた。

編集委員　音田昌子

（98．11．28掲載）

日本語の持つ曲線を大切に

歌人 **斎藤史**さん

〈十七歳で始めた短歌とのつきあいは七十年を超える〉

「そうなんですよ、自分でもあきれております。でも本当にろくな歌ございません。きまりの悪いようなものばかり。一生これはないでしょう。もし自分の歌がいいと思えることがあったら、それは行き止まりってことでございましょうねえ。年とりますと惰性、自己模倣の歌が多くなりましてね。いつも足が先へ出るとは限りません。（全歌集を出すときには）みんな消したくなりましてね。今の方のようにどんどん歌集出すようにはいきません」

思ひ草繁きが中の忘れ草
　いずれむかしと呼ばれゆくべし

老いてなほ艶《えん》とよぶべきものありや
　花は始めも終わりもよろし

人を瞬《またた》かすほどの歌なく秋の来て
　瘦吾亦紅《やせわれもこう》それでも咲くか

さいとう・ふみ

1909年（明治42）2月14日、陸軍軍人で歌人の瀏《りゅう》の一人娘として東京・四谷に生まれる。父にしたがい旭川、津、小倉などに住む。17歳で歌をつくり始め、父所属の「心の花」などに投稿、22歳で結婚、一男一女。40年第一歌集「魚歌」。45年長野に疎開、53年現住所（長野市東鶴賀町）に転居。62年歌誌「原型」を創刊主宰。86年「渉《わた》りかゆかむ」で読売文学賞、93年芸術院会員、97年歌会始召人。斎藤茂吉短歌文学賞、現代短歌大賞、紫式部文学賞など受賞。「斎藤史全歌集」（大和書房）などがある。

〈激動の時代を生き抜いてきた人生観が投影する。父・斎藤瀏は陸軍軍人の一方で佐佐木信綱門下の歌人。若山牧水や北原白秋らと親交があった。そういう父親のことを「おかしな男でしたよ」という〉

「明治の軍人というのは、これは一生の職業でございますからね、何か事あれば、どこで死ぬかわからない。いざという時一人で生きなきゃと染み込んでおりました。怖うございましたよ、生きていくってことが。そんな子どもっておかしいのかしれません。怖う孤独っていうのがとっても怖うございました」

疎開の長野に定住

「(娘からおかしな男といわれて父は)笑っておりますでしょ。人間ていうものはみんな人生違うんだ、お前にはお前の人生があるって調子でございました。軍人の娘というとすごいしつけを受けているようにお思いになるんですけど、全然おっぱなしでね。するとかえって無茶《むちゃ》できませんでね。わたくしに『歌詠め』といったこと、一度もございません。むしろまじめに『君が歌をやらんのはいかんよ、そりゃいかん』と言ったのは若山牧水でございます」

〈歌を続ける中で、二・二六事件(一九三六年)が起きる。第十一旅団長を経て予備役となっていた父は反乱ほう助の罪に問われる。そして太平洋戦争。長野へは四五年の春に疎開して以来定住〉

「あの時は〝反乱〟ですからね。普段来ていた人も電話一本、はがき一枚よこさなくなる、そういう目にもさんざん遭いましたからねえ。だから長く生きるというのは変なもんだなと思いますよ」

「(疎開生活では)稲刈りから豆たたきから全部いたしました。当時の日本の農村には古いものが全部残っておりました。ちょっとびっくりいたしました」

「出発がモダニズムといわれた歌ですから、(当時の長野歌壇では)とんでもないことなんですね。斎藤の歌は邪道だと。東京は地方歌人を一段下に見る。居場所がないわけでございます。でもわたくしの歩き方を眺め直す時期でございましたね」

〈六十歳代では、老いて視力を失った母と脳血栓で倒れた夫を介護する生活が続いた。「(二人を見送り)あと自分がかつかつに食べて(人生を)終わればいいんだと思ったらその軽さ、何とかなるもんでございます」「ここまできたらそれでいいの。そろそろまく幕を閉じないと困ります」と軽い口調で語る〉

〈恋の歌がない。少女時代、円本ブームで世界文学、古典、フランス戯曲など読みふけった。「読む方で恋愛を通過しちゃったようで」と笑う。親に連れられ、落語、歌舞伎、美術展と何でも見たことが幅の広さにつながったのかもしれないという〉

「うんとややこしい本を読みます時にね、続きませんでしょう。半日、日本ものを読んだら、半日西洋ものを読む。疲れないんです。難しいものは落語全集をそばに置いといて交互に読む。戦後初めて子どもを東京に連れていった時には、鈴本(演芸場)と歌舞伎。田舎にないものを見せたかった。落語も歌舞伎も日本語なんですよ、日本語の面白さを出している。それを全く知らない世界にしてはさびしいと思いましてね」

結婚間もないころ、外国映画や宝塚のスターに興味を抱いていたという(1932年)

「（斎藤茂吉らの）アララギで教えられたこと、やっぱり大事なことでした。リアリズムっていうものは基本の一番大事なとこで、しっかりしておくということが先へいってどんな時だって役にたつ、絵でいえばデッサンと同じだと思います」

古典をたくさん読む

〈三十一文字に日本語の美しさをつめこむ短歌。「短いのは単純ということではなくて凝縮」という。いま若者言葉など日本語の乱れがいわれるなかで、日本語に限りない愛着をみせる〉

「言葉っていうものは、これは時代で移ってまいりますよね。わたくしが日本の古典読んだ時も、たくさん読んどけば日本語の持っている曲線みたいなものが、どっかに入るんだろうと、そんな気がしておりました。曲がる、ぶつぶつじゃなくてね。その日本語の曲線を面白く使えば、落語にもなりますしね、それから短歌にもなりますしね。歌をやるから歌だけというのは、わたくしは狭いと思いましてね。源氏物語から平家物語までみんな読んどきゃ、何か自分の中に日本語が入るなという気がしました。それは書くときにも、しゃべりにも出るんじゃないでしょうか」

「日本に生まれたんだから、日本語をしゃべる。どうせしゃべるなら、まあまあにしゃべりたいと思います。外国から字は借りたけども（表意と表音の両方を使うかたちで）自分のものにしてきた。これが日本の文化をここまで運んだかなと思いました。それじゃあその日本語を大事にしたいなと思います」

●聞き終えて

激動の昭和生き抜いた「重々しさ」なく

愛チャボがいる。名は「平四郎」。平成四年生まれ。「まるで人間気取りなのよ」といとおしげに抱きかかえる。

長野・善光寺に近い自宅。十年前にヘルペスを病み、時々痛みが出るが、何でも食べ、たばこも日に十本程度。主宰する歌誌「原型」の編集、校正作業のほか、新聞の選者や講師の仕事は「整理にかかっている」。「身一つですから軽いもんですよ」

激動の昭和を生き抜いたという「重々しさ」を少しも感じさせない、おだやかな語り口。よく男性と間違えられたこと、生命保険を解約して「食べちゃった」こと、ユーモア豊かだ。

「死の側より照明せばことにかがやきてひたくれなゐの生ならずやも」の歌、対談集の題名「ひたくれなゐに生きて」から想像していた〝激しさ〟はみじんも感じない。たおやかでよくとおる声、かつて日本の話し方はこうだったのかと思う。

二・二六事件に関しては「死ぬまでいえないことがございます」。近年の短歌ブームで中高年のにわか歌人続出には「四十歳の人が詠む二十歳の歌はやはり偽物。やはり年にしたがって自分の視野を広げて当然のはずです」。

現代日本への痛烈な批判がさりげない口調で出てくる。

奥行きの深い話に、思わず背筋をのばして聞き入っていた。

文化部長　蔵楽知昭

（98. 12. 12掲載）

技術より心の有り様が大切

プロゴルファー
中村寅吉さん

〈べらんめえ口調が一瞬、途切れた。昭和三十二年十月、埼玉県・霞ヶ関カントリークラブで三十か国六十選手が参加して行われた国際試合「カナダカップ」個人・団体優勝の感想を問うた時だった〉

「いやぁ、本心を言うと、日本の公式戦で優勝した時の方がうれしかった。カナダカップは出たくて出たんじゃない。協会の選抜だった。そりゃ、一生懸命やった。だがヨー。周りの期待と緊張が重くのしかかってきて、自分以上に優勝を喜ぶ人が多くて、自分がどこにいるかわからなかった。何か命令されてつかんだ栄光という感じかなぁ」

「でもヨー、あの試合は別の意味で記憶に残っているよ。最終日の残り三ホール。トップに立っていたが、外国勢の追い上げがきつく、スタートの七打差が三打差までに縮まり、パットの時は心身ともヘトヘト。だから、グリーンの上であぐらを組んで、アリを探したんだよ。衝動的というか発作的というか。気持ちが落ち着いているかどうかテストしたわけ。見つけた時、勝ったと思った。日本人初の快挙なんて、どうでもいいが、今も思うアリ一匹だよ」

なかむら・とらきち

1915年（大正4）9月17日、横浜市で生まれる。父親は農業。15歳の時、横浜市立帷子専修学校（夜間）を中退して程ヶ谷カントリー倶楽部のキャディーに。20歳でプロゴルファー。太平洋戦争が始まり、横浜の海軍工廠に入隊したが、終戦で復帰。

50年から関東オープン4連覇。57年国際試合の第5回カナダカップ（現ワールドカップ）で個人優勝、小野光一プロと組んで団体優勝も。日本オープン3回、日本プロ4回など通算37勝。

文部省スポーツ功労者賞、勲四等旭日小綬章などを受賞。日本女子プロゴルフ協会の初代会長。現在は日本プロゴルフ協会相談役。

〈日本のゴルフは、明治時代に英国人アーサー・グルームが神戸・六甲山上に四ホール造成するなど古い歴史を持つが、軍部などから「特権階級の遊戯」とやり玉に挙がって長く停滞。戦後、このイメージを払しょく、年間数百万人がプレーする人気スポーツに仕立てた功労者の一人が一・五八メートル、五十七キロの寅《とら》さんだった〉

「よく取材でゴルフ一筋の人生ですね、っていわれるが、別になりたくてなったわけじゃない。自宅の隣がゴルフ場でヨー。十一歳の時、キャディーのアルバイトをしたのがきっかけ。そこで生きる知恵みたいなものを学んだな。ゴルフ場に来るのは自分より目上で偉い人ばっかだよ。自然と頭を下げることを覚えたよ。頭を下げていれば間違いない、とね。

でも、プロになる気はなかったなあ。面白かったので、プレー前の早朝や深夜、練習しただけ。持っていた道具はドライバーにアイアン二本、それにパターの計四本だったかな。アイアンは桜の枝を削って、ブリキを巻き付けて針金で留めていた。ドライバーもカシの丸太を削った自分製。だから、ボールは体で飛ばすものと思っていたよ。今のように道具が飛ばすという考えはだれも持ってなかった、と思うよ」

遅咲き36歳初優勝

〈初優勝はプロ入り十六年後の関東オープン。三十六歳、遅咲きのデビューだった。「ガソリン（食糧）がよくなるにつれて、ボールの飛距離が伸び、成績もアップした」と笑う。努力が実って、不特定多数が相手のストロークプレーで優勝争いの常連となったが、

二人で争うマッチプレーでは、その後も七年間、勝てなかった〉

「体が小さいことをハンデと思ったことは一度もないよ。俺《おれ》の弱点はでかい奴《やつ》より弱い人を相手にした時よ。自分の実力の方が上だと思うと、つい、相手をみくびってしまってね。こんな奴に負けるはずがないと軽くみていると、いつの間にか負けてしまう。マッチプレーは、相手の心の揺れがわからないとダメ。改めて、ゴルフは心理ゲームと思ったね。必勝法を考えに考えたよ。

十八ホールを一度に相手にしようとすれば、気持ちが散漫となり、ミスショットが多くなるよ。コースを細かく観察してみるといい。難しいホール、易しいホール、標準ホールの三つが順に組み合わさっている。そこで、十八ホールを六分割して三ホールを一つの単位と考えた。難しいホールでは守りに徹してボギーを出さないように。易しいホールに来た時が勝負。『ここで攻めろ』と自分に暗示をかけ、バーディーを狙う。その中間では『悪くてもパー』と頭を切り替えていく。六分割攻略法だ。試してみるといいよ」

月明かりでパット練習

〈パットの神様。現役時代こう呼ばれた。深夜に月明かりで練習。テークバックで息を吸い込み、そのままインパクトまで止める呼吸パッティング法を完成させた。しかし、極意は芝の読み方にあるという〉

「ゴルフ場では朝、グリーンの芝刈りを行う。だから、早いスタートでは

カナダカップ優勝のトロフィーを前にして。小野光一プロ（右）と（1957年10月、霞ヶ関カントリークラブで）

逆芽のことなどあまり考えなくていい。しかし、太陽が当たる昼になると、湿気を含んで寝ていた芽が起きてくる。ボールの抵抗感が微妙に変化する。それも一様じゃない。だから狂っちゃうんだ。見る勘を養う必要があるなあ。それこそ練習だよ」

〈神奈川県伊勢原市に移住して二十五年。ここ数年、クラブを振る回数がめっきり減ったが、「ゴルフ場は人間形成の場だ」という信念に揺るぎなく、後輩のプロには「技術より心の有り様《よう》が大切」と説く。その反面、一般のゴルファーには「もっとゴルフを楽しんでほしい」と優しい〉

「思うによ。六十からでも六十五歳から始めても楽しめるスポーツさ。ボールが飛ばない人はグリーン周りのショットを磨けばいい。（プロを除けば）どっちも上手な人なんてめったにいない。ただ、遊びなんだから、あまりスコアにこだわらない方がいい。だれも見ていない所で空振りしても、ごまかすな。自分の心を偽って楽しいはずがない。いつか、自然とみんなが知ることになる。なぜかというと、下手な奴のスコアが急によくなったら、みんなが注目する。どう上手になったかな、と厳しい目でみるから、すぐばれてしまう。そうなったら、もうだれも相手にしてくれないよ」

〈強制されることは大嫌い。名誉なんて考えないね。インタビューは照れる。（カメラマンに向かって）そんなに何枚も撮らなくていいだろう――。こんな言葉もズバズバと。歯に衣《きぬ》着せぬ人柄を慕って毎年十二月、樋口久子プロら教え子約二百人が伊勢原カントリークラブに集う〉

●聞き終えて

身ぶり手ぶり交え、話すほどに意気軒高

雨と霧にむせぶ朝だった。「あっ、寅さんだ」。約束の時間に伊勢原カントリークラブ（神奈川県伊勢原市）を訪れると、白いジャガーが玄関口に飛び込んできた。小柄な体形にベージュのセーター、格子模様のズボンがよく似合う。先を争って客のゴルファーたちが寄り添っていく。

「ヨー、少しは上手になったか」「元気なのが一番一番」。笑顔の輪が幾重にも広がった。

寅さんの一日は機械のように正確だ。午前六時起床。十時、約二十分のドライブで同クラブへ。一年前まではハーフを回っていたというが、今はプロ室で相談に乗ったり、練習場やスタート地点でアドバイスしたり。午後三時帰宅、九時就寝。

「家にいても何もすることがないからヨー」というが、副支配人の内田具徳プロは「クラブの、いや伊勢原市の名誉市民だから、毎日、笑顔を見せてくれてうれしい」と話す。

妻のフミさん（79）と二人暮らし。「いろんな取材の申し込みがあって、時には直前に拒むことも」という内田プロの忠告もあって、恐る恐るのインタビューとなったが、話すほどに意気軒高。「どんな仕事でも職業とする以上は真剣勝負。いい加減な気持ちで勝ち抜けるはずがない」。

座して一時間半。身ぶり手ぶりの熱演だった。

生活情報部長　簗山　弘

（98．12．26掲載）

誇りと気概を持って

講談師 旭堂南陵さん

〈上方講談師ただいま十一人。南陵を総師とする旭堂一門である。三百年の伝統をもつ上方講談は、明治の中ごろが一番盛んで、大阪、京都合わせて百人近い講談師がいた。講談席が大阪だけでも四、五十軒はあった。しかし、その後は落語や漫才に押されて急に下り坂をたどった。一九六五年（昭和四十）に父の二代目南陵が死去した時、当時小南陵を名乗っていた本人一人だけになる。まさに「風前の灯《ともしび》」だった〉

「灯が消える、言われたけど、大して何とも思わんかった。のんびりした性格で、賢ないから。その道しかない、他の道はない。とにかくやってみるしかないと」

〈九一年（平成三）まで大阪府東大阪市の近畿大の近くに居住。寺や公民館を借りて話術会を開いたり、近大話術研究会の講師をしたり。自宅で講談教室を開いて素人に講談を教え、弟子の養成に力を入れた〉

「何で話術会いうとね、一人でしょ、講談会にはならん。落語の人とかにも頼んで来てもろた。あんまり客が来ない。〝つ離れ〟せん言うてね、九人までしか入らんかった。〝つ離れ〟するのに十年かかった」

きょくどう・なんりょう

1917年（大正6）1月25日、大阪市生まれ。本名は浅井美喜夫。2代目南陵の二男。大阪貿易学院卒業。36年（昭和11）、父に入門し、旭堂南海と名乗る。40年、2代目小南陵と改めて真打ち昇進。41年、兵役で中国へ渡る。46年に帰国し、講談界に復帰。絶滅の危機にあった上方講談を父と2人で守る。65年に父が死去し、66年に3代目南陵を襲名。門弟の育成に尽力する。96年、勲五等旭日双光章を受章。97年、文化庁より「記録作成などの措置を講ずべき無形文化財」に指定された。現在、上方講談協会会長、上方落語協会会友。著書に「上方講談三代記」。

〈入門者が続き、弟子七人、孫弟子三人を数えるまでに。定席はなく、ホールなどで講談会を開き、余興などで生活する〉

「講釈の時代はラジオで終わりを告げましたね。ラジオの時分は随分方々から言われてやりました。テレビとは合わんね。五分でもやれる芸でないと。講釈はどんなに短くても二十分は要りますから。テレビに出たらへたになります。テレビにこだわったり、金にこだわるようなやつは見込みないですわ。芸をおろそかにしてね」

〈生家の両隣が講談と落語の席で、お囃子《はやし》を聞いて育った。中学在学中から父のカバン持ちをして高座を回り、ネタを聞き取る。卒業後間もなく、南海の名で「大岡政談」の一節を一時間やったのが初舞台〉

足で稼いだネタは400

「おやじは教えてくれない。自分で獲得しなきゃならん。聞くのが大事。修業するより大事。ネタは一回聞いたら覚えなきゃだめ。一回で覚えんようなら、辞めてしまえ。おやじもそうでしたよ。むちゃ言いよんな、思いながら聞いてね。初めは一時間聞いても、四十五分ぐらいにしかならん。どっか抜けてる。慣れてきたら、一時間以上になる。余計な言葉が入ってる。だんだん聞いてるうち、ピチッと覚えるようになる。人間、テープレコーダーができてバカになった。ひどいよ。弟子が置いて、『やってください』。やるでしょ。『アッ、入ってないわ。師匠、もう一遍お願いします』」

「記憶力のええ時、十五歳から二十五歳ぐらいまでに覚え込まなきゃだめ。その間に仕込んだネタは忘れん。若い弟子が聞きもせんとやってるのを見ると、だめだと思いますよ。聞いて聞いて聞きまくって、取って取って取りまくらな。二百も三百もネタ覚えなだめです。私ら赤紙が来て、じだんだ踏んで悔しがった。万事休すや。南海から小南陵になったのも、なっておかんと、もう生きるやら死ぬやらわからんからや」

〈四〇年九月入隊。翌年三月に中国へ派遣され転戦、湖南省衡陽で敗戦となり、捕虜生活を経て、四六年六月復員。戦友から最近、「中国湖南省地獄の衡陽学校高地、決死隊の突撃前、敵弾飛び来る中、講談を語る旭堂小南陵」を描いた絵が贈られた〉

「中隊長から『浅井一等兵ッ、一席やれ！』。壁を背に、『大久保彦左衛門がぁ』言うたら、敵がババババッと撃ってきた。近い距離で、弾が壁にはじけよるが、怖いと思わなんだ。腹も据わりますよ。四十日にらみ合い、味方が死んでいく様を見てますからね。ところが、偉いさんちゅうやつは一人も来ない。前線にね。二キロも離れた横穴におる。憶病や。敵の将軍は最前線で指揮を執ってた。えらいよ。負けるはずや」

〈「生駒山の緑と遺跡を守る演芸会」や「徳川家康をののしる会」を主宰、公害告発など時事講談も手がけた。ののしる会は「阪神タイガースが弱いのも、大阪経済が地盤沈下したのも、みな狸親爺《たぬきおやじ》のせい」と人気を呼び、七五年から十数年続いた〉

「ようけ客が来た。豊臣びいきですね、大阪人は。大坂の陣も、冬をやると喜ぶ。家康を追いかけ回してる方が喜ぶ訳や」

〈持ちネタは四百。「太閤記」「難波戦記」「水戸黄門漫遊記」など百を

「上方落語をきく会」で落語家と競演（1976年12月）

演じる〉

「本読んだだけではしゃべれない。足で探りに行かなきゃだめ。大阪の歴史の道はみな歩きましたからね。どんな話をしても情景を織り込んでいける。川中島でも行かなきゃ話ができない。上杉謙信の行路が理解できない。新聞記者もそうでしょ。足で稼がなきゃ、面白い記事が書けんでしょ」

芸から抜け出さんと

「今の若い者《もん》、太閤さんを知らん。秀吉いうたらわかる。忠臣蔵を知らんやつもおる。楠木正成も知らん。自分の国の歴史や物語を知りまへん。気概がない。今の日本はアメリカの植民地みたいなもんや。日本人という誇りもない。十四、五歳であんだけ悪いことするのは、誇りがないからや。じじ、ばばを殺してしまう風潮やからね」

「じじ、ばばをおろそかにできんです。農業ね、若い者、逃げてしもて、じじ、ばばがやめたら、日本人食っていけん。その年寄りを政府はいじめてる。金搾り取ることばかり考えてる。国会議員なんか数半分にしたらええんや。悪いことしてね、金を懐へ入れよるから。府会議員も多過ぎる。市会議員も。東大阪？　恥ずかしいわ」

〈上方芸能では寄席囃子方の故林家とみさん以来三十五年ぶりの無形文化財に〉

「もう歳《とし》や。あと五年やれたらええなぁ思う。もっと弟子にうまくなってほしい。要はおしゃべりですよ。工夫しなきゃ。芸に頼ってはだめ。芸から抜け出さんとね」

●聞き終えて

いきなりビール、酒好きで読書好き

東大阪市は生駒山麓《ろく》、2Kの自宅マンション。午後一時からの取材。付き添いの弟子が「うちのしきたりですから」と、いきなりビールを差し出す。しきたりにのっとり、師匠と飲みながらのインタビュー。二時間でロング缶七本が並んだ。

妻と二女をがんで相次いで亡くし、引っ越して来た。一人暮らしの部屋には時代物や推理物の本が散らかる。別にアパートを借りて書庫にしており、酒好きと同時に読書好きでもある。

「朝五時になったらテレビ始まるから飲む。昼になったらまた飲むし、三時になったらホッとするから飲む。夜も大方酒飲んでるか、本読んでるかやね」

飄《ひょう》々と語るとぼけた味、絶妙の間《ま》。〝おもろいお爺《じい》ちゃん〟に若いファンも多い。芸も服装も体裁をかまわない師匠だが、当方の注文で紋付き袴《はかま》に着替えてもらい、近くの枚岡神社で写真撮影。「温暖化で南極の氷が解けてもここらは大丈夫。下の方は昔みたい海になるけど」

耳に補聴器。質問を弟子が大声で伝えてくれる。足が弱くなった。月一回の天満講談席でもいすに座って務める。「七十九まではやったろかいう気があったけど、八十過ぎたらもうあかん。墓建てとかなあかんなぁ」

後継者をもっと増やしていくのが夢。健康に気を配り、まだまだ名調子を聞かせてほしい。

編集委員　加藤　譲

(99. 1. 9掲載)

めざせ

世界に通用する女性

美容研究家

メイ牛山さん

〈日本の美容界のパイオニア。二十歳の時に単身上京し、銀座の「ハリウッド」で美容師としての第一歩を踏み出す〉

「私が美容師になったころは、まだ日本髪の人が多くて、洋髪を扱う美容室は東京でも銀座に二軒あるくらいでした。パーマネントが入ってきたのがちょうどそのころ。女優の岡田嘉子さんが店に来られて、自分がかけるのはこわいからと、まず付き人さんにパーマをかけさせた。そしたら髪がちりちりになっちゃって、その人はわんわん泣きだしたの。当時は真っすぐな髪でないとお嫁に行けないと言われてたぐらいですから、縮れ毛なんてとんでもないことだったのね。今はかけたかかけないかわからないようにしますけど、当時の技術では仕方なかったんですね」

〈「ハリウッド」の創始者は後に夫となるハリー牛山さん（本名清人）。役者にあこがれ、映画の本場のハリウッドで修業していたが芽が出ず、得意のメーキャップ術を生かそうと帰国後、前妻の初代メイさんと共に開業。初代の病死により二代目メイ牛山を継ぎ、清人氏と結婚。美容室と化粧品会社の〝夫婦二人三脚〟が始まる〉

めい・うしやま

1911年（明治44）1月25日山口県防府市に生まれる。本名マサコ。同市技芸女学校卒業後、美容師を志望して上京。35年からジュン牛山の名でヘアスタイルを発表。39年先代の死で2代目メイ牛山を継ぐ。

49年東京・麻布にビューティーサロンを設立。50年美容学校を併設。65年に六本木へ拠点を移す。82年東京都知事より学校教育功労賞、83年厚生大臣より環境衛生事業功労賞を受ける。現在はハリウッド株式会社代表取締役社長、ハリウッド美容専門学校校長を務めるかたわら、独自の美容法と健康食の研究をライフワークに講演・執筆活動を続ける。

……若い人は遊び過ぎ……

「当時の美容室は、上流階級の奥様や女優さんが着飾って集まる華やかな社交場でした。毎日ただ夢中で働きましたね。美容師の仕事というのはお客さんにきれいになったと満足してもらえればいい。その点、私はとてもうまかったですね。短く切り過ぎてアッ、しまったと思っても、『今の流行はこうですよ』とそれをむしろ逆手にとる。だからお客さんに怒られたことはなかったわね。その代わり、次に『この前のようにしてくれ』と言われても二度と同じ髪形はできない。そういう時は『そんなのダメですよ。こうでなきゃ』と新しい髪形を勧めるの。いつも変わったことをしてくれるとお客にはかえって喜ばれました」

〈やがて戦争が始まると、「ぜいたくは敵」「パーマはいけない」と、髪の形まで制限され、仕方なく店を閉めて信州に疎開。戦後、再び東京に。最新技術を学ぶために欧米を回り、美顔術、マニキュア、パックなども全国に先駆けて取り入れた〉

「店を再開したころは、コールドクリームもまだ日本になくて、全部手作りでした。シャンプーも取り寄せるのが間に合わないと、洗濯せっけんを店の裏で削って使ってました。そのころに比べると、この五十年は大変な進歩ですよね。日本の女性もきれいになったと思います。ただ、全体にきれいにはなったけど、ああ、立派だなと思える美人はいませんね。例えば武原はんさんのような、日本人として立派な女性。外見だけでなく雰囲気がある人ね。世界に通用する美しい女性がもっと出てほしいですね。女の人がきれいになってこそ、その国が本当に豊かになったといえます」

〈昭和三十年代から「三大排せつ美容法」と名付けた独自の美容理論を提唱。これは、S（スキン）、B（ボディー）、M（マインド）の汚れを排せつすることが美容の根本原理という考え方。季節の食物をバランスよくとる健康食とあわせて実践することが健康と美を維持する基本だと〉

「昔は日本人の髪の毛も今より随分多かったですよ。当時は電気と化学薬品でパーマをかけたので、時には毛がこげてごそっととれたりして。でも、毛が多いからこげた部分をそいで梳《す》けばわからなかった。毛が少なくなったのは、やっぱり食事のせいじゃないですかね」

〈美容学校では今も時々教壇に立つ。メイ先生の話が一番面白いと人気があるという。生徒がどんなおかしな格好をしても「それはいいね」とほめてやる。「私も若いころ、いろいろやったからよくわかるの。ブリーチをしたり、ピアスをつけたくて耳に穴を開けようとしたり。細身の靴をはくために小指を切ってもらおうとしたことも。でも、美容師になるならそれぐらいでなきゃ」〉

「ただ、今の若い人はちょっと遊び過ぎですね。私なんか東京に出て七年間の修業中は一度も郷里に帰りませんでしたよ。遊ぶのもいいけど、もっと勤労精神を持たなきゃ。日本人は勤勉な国民だったのに、おいしいもの食べて、遊んで、すっかり怠惰になってしまった。このままでは今に国がつぶれちゃいますよ。子供たちを見ていても、あれじゃあ大人になったら全部怠け者になっちゃう。今の国際社会では頭だけでは勝負

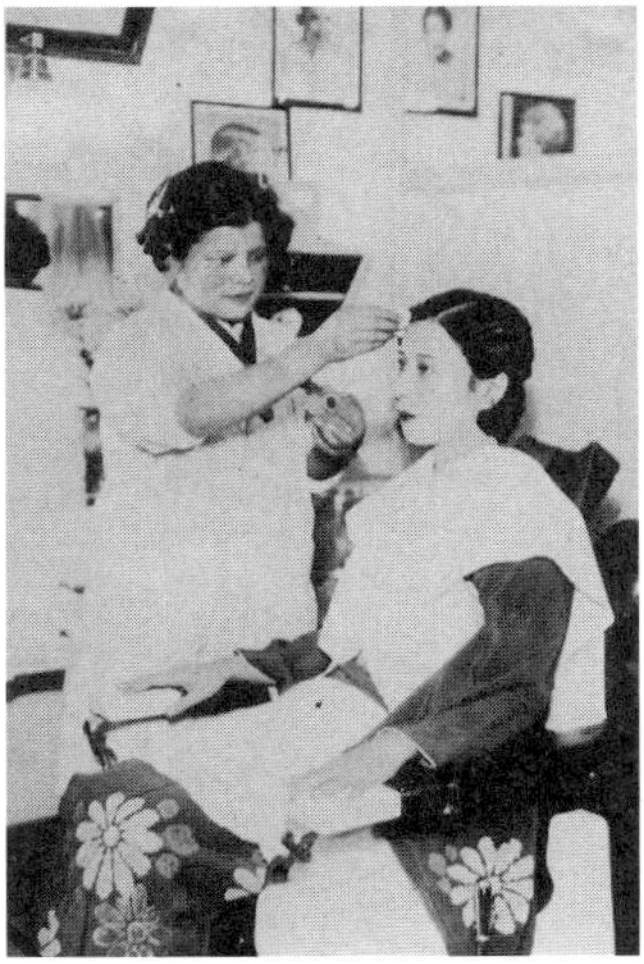

美容師になりたてのころ。右は女優の夏川静枝さん（1933年）

できない。体力と能力をもっとつけなきゃ。とくに日本のように小さくて資源も無い国では。

私たちが子供のころは、うちへ帰ると家の仕事にこき使われたものです。やれ外を掃け、薪《まき》を割れ、あれしろこれしろって。それがいやだったから学校へ行ったんですよ。今の子ももう少し家でこき使えば喜んで学校へ行くようになりますよ」

子供は家でこき使え

「道路掃除なんかもどんどんやらせたらいい。でも、この間、うちの前の道路で街路樹の下に雑草が生えてるから取ろうとしたら、あれは都のものだから手をつけたらいけないって言われちゃった。自分の家の前の草なのにね。神社の掃除なども昔は近所の子供がやっていた。でも今は子供にやらせようとすると必ず『事故があったらどうするんだ』と反対する親がある。子供たちに草取りや水やりをさせれば、街はきれいになるし、樹木も喜ぶ。そういうことに融通のきかない大人はだめですね」

〈「成人式までは親がその子の全責任を持たなきゃ」ときっぱり。今の若い母親に対しても「お母さんはお母さんらしいヘアスタイルやメーキャップをしなさい。いつまでも大人だか子供だかわからない格好をしてるから子供にばかにされるのです」と手厳しい。前妻の子供二人を入れて計五人の子供に孫が十二人。日本の行く末を思う気持ちは人一倍深く、強い〉

●聞き終えて

歯切れのいい口調、パワー衰えず

東京・六本木にあるビューティーサロン。メイさんのこの日の装いは真っ赤なコートの下にローズ色のニット・ドレス。「赤は私の大好きな色。さあ、やるぞという気持ちにさせてくれます」

若いころのあだ名が〝爆弾娘〟。ぽんぽんと歯切れのいい口調で話すために〝機関銃〟と呼ばれたこともあるという。そのパワーは八十代の今も少しも衰えていないようだ。

今年、米寿記念に出す本の題名が『きれいな女になあれ』。「十歳の時、きれいな女はトクだと思った。今もそう。ただし、いわゆる美人は面白くない。反対に年をとってから見違えるほど美人になる人もいる。だからあきらめてはいけません」と。

アップにまとめたユニークな髪形がトレードマーク。「もうこのスタイルしか似合わないの。背が低いし、こんなに太っちゃって。でもこの髪型、何だか仏像に似てると思いません？」と笑った顔が本当に観音様に見えてきた。

夫の清人氏は七十七歳の時、医師からすい臓がんと宣告されたが、メイさんの献身的な看護と長年研究してきた健康食のおかげで、九十二歳まで命を永らえた。「神様からいただいた健康な体が今の私の一番のお宝。だから遊んでいちゃいけない。何とかしてお役に立たなきゃいけないなって」。

メイさんの辞書に〝年齢《とし》〟という言葉はない。

編集委員　音田昌子

（99．1．23掲載）

研究者は創意工夫を

ウイルス学者（大阪大学名誉教授）

奥野良臣さん

はしか制圧に生涯かける

〈栄養の悪かった時代、はしかは命取りの疫病で、『疱瘡《ほうそう》（天然痘）は器量定め、麻疹《ましん》（はしか）は命定め』と恐れられた。「江府洛中麻疹疫病死亡人調査」（順天堂大山崎文庫所蔵）には、幕末動乱の文久二年（一八六二）にはコレラの流行と重なって、江戸では二十六万七千八百四十四人が死んだと記されている。このはしかの制圧に奥野さんは生涯かけて取り組んだ〉

「はしかウイルスは神出鬼没でなかなか正体を明かさないんですわ。ウイルスを捕まえることを分離と言うが、日本のウイルス学の草分けで恩師の故谷口腆二《てんじ》・大阪大微生物病研究所長が分離に執念を燃やしていてね。私は昭和十六年に阪大を出てすぐ谷口研究室に入ったんですが、はしかウイルスとの格闘も同時に始まったんです」

「人間に感染するウイルスだから人間に近い猿にうつしてみようと、患者の血液やた

おくの・よしおみ

1915年（大正4）3月15日、奈良県志都美村（現・香芝市）で、4代続く医家・牧浦家の三男として生まれる。初代は中宮寺の侍医。大阪大医学部卒後、阪大微研でウイルス研究に従事し、デング熱やはしかのウイルス分離に成功。抗マラリア剤の研究で医博。56年麻疹部門の初代教授。78年定年退官し、名誉教授。

徹底した生ワクチン論者で、開発したはしか、おたふく風邪、風疹、インフルエンザなどのワクチンはいずれも生ワク。がんのウイルス治療も手がけた。紫綬褒章、大阪文化賞、勲二等瑞宝章などを受けた。

んを求めて流行地へ行って採って帰ったり、車掌に隠れて電車に猿を乗せて行ったりして注射する。でも猿はなかなかかかってくれなくてね。ときにいいデータが出るんだが、ぬか喜び。手ごたえのないまま何十匹も犠牲にしてしまいましたわ」

〈マスコミは奥野さんを〝日本のジェンナー〟と呼ぶ。はしか患者から採った材料を子息に接種して分離を試みたからだ。本人はそう呼ばれるのを好まないが、はしか撲滅は奥野さんなしには語れない〉

「昭和二十四年ごろ、猿でだめなら人間に打ってみるしかないと思ってね。『絶対大丈夫か』と言われればその自信はなかったが、大人は免疫があるから対象外で、子供に打つしかない。適当なのがいないかって周囲を見たら、たまたま三歳になる息子がいたというわけです。周囲は『おまえ一人の息子じゃない』って猛反対したけど、『まー最悪でもはしかになるくらいのこっちゃ』ってね。結果は、ちょっと目が赤くなったくらいで熱は出なかった。先輩や同僚のお子さんにも協力してもらったが、その時は分離には成功しませんでした」

〈一九五四年（昭和二十九）、米のJ・エンダースは組織培養法ではしかウイルス分離に最初に成功した。以前にポリオウイルスの分離にも成功しており、これらの業績でノーベル生理学医学賞を受賞した〉

「同じころ私も発育鶏卵を使って分離に成功したんですわ。はしかウイルスは卵の中で増えるらしいと言われていたが、だれも証明できなくてね。あるとき夢うつつの中で、『干渉現象を利用すれば』とひらめいた。同じ細胞の中で二つ以上のウイルスは同時に増殖できないというのが干渉現象で、はしかウイルスを植えた卵に後から他のウイルスを植えて増殖するかどうかを見る方法で証明したんですわ。エンダースは直接法、私のは間接法です」

〈この業績を高く評価した文部省は、阪大微研に「麻疹部門（講座）」を設置、奥野さんが教授に就任した。病名の付く講座は結核がある程度で、極めて異例〉

「すぐワクチンの開発に取り掛かり、やはりエンダースと同じ昭和三十五年に成功しました。ただ、初めのものは発熱率が95％もあったので改良を続けて60％、30％、10％と下げ、最後は0％まで行きましたが、効果がいま一歩。30％のものを実用化しましたが、副作用についてはやかましく言われましたね」

数多い開発したワクチン

〈奥野さんが開発したワクチンは、試作品も含め、はしか、インフルエンザ、ポリオ、おたふく風邪、風疹など数多い。中でもはしか、おたふく風邪、風疹は外国のものと違う純国産ワクチンだ〉

「大学を出たころは戦争一色でね。召集されたんですが『戦時研究をせよ』って帰された。そこで、はしかや南方に多い疫病に取り組み、新種の猿マラリア原虫を見つけました。また、世界で初めてデング熱のウイルス分離にも成功しましたね。これには裏話があって、谷口先生が『デング熱なんて南方では風邪みたいなもの』って言うのを信じて、マウスで増やしたウイルスが本物かどうか、自分自身に注射してみたんですわ。風邪どころか、一週間後にものすご

1969年、医の倫理を説いた緒方洪庵「扶氏醫戒之略」の複製・発刊を記念して集まった阪大関係者らと（左から3人目が奥野さん。その右が故宮本又次、1人おいて梅渓昇、右端は故藤野恒三郎の各名誉教授）

い高熱が出てひどい目に遭ったが、はっきり確認できましたね。息子にはしかを打ったのもこんな伏線があったからです」

〈戦後、阪大を訪れた米のウイルス学者がデング熱のデータを取り寄せて自分の発見のように発表したが、数年後、別の学者によって奥野さんらの名誉が回復した〉

「言っておきたいこと？　これだけは声を大きくしたいね。猿を虐殺するのはやめるべきだ、とね。ポリオのワクチン製造に今でも猿の腎臓《じんぞう》を利用しているんですな。人間を疫病から救うのだから多少、犠牲にしてもというのは人間のエゴで許されない。ナイチンゲールは敵味方区別なく治療して人類愛の発露と称賛されたが、人間だけよかったらなんて考え方は狭い。地球の大いなる遺産を食い潰《つぶ》したらだめなんだ」

「ワクチンをやめろと言うんではないんだ。先進国ではポリオをほぼ制圧したが、まだまだ安心できない。だからつくり方を変えればいいんだ。一つの方法を決めると少々のことでは変えられなくなってしまうのが日本の悪弊。そこに行政の規制が加わるとがんじがらめでね。血液製剤がいい例なんだが、ポリオワクチンも同じ。かつて我々が開発した発育鶏卵とか、ＷＨＯが推奨する培養細胞を使う方法にすべきだ」

「阪大の学長室に昔、『勿嘗糟粕（そうはくをなめるなかれ）』と書かれた額が掛かっていてね。だれの言葉か知らないが、初代学長の長岡半太郎の書で、先人の残したことはすでに古いのだから、それを越えて創意・工夫をしなさいという意味。研究者にとって心すべき言葉です」

●聞き終えて

進取の精神　囲碁、尺八楽しむ風流人

「行き詰まった局面を打破するには、一か八かの決断が必要です」と自身や子息を実験台に研究を進めた経過を淡々と話してくれた。座右の銘は「虎穴《こ》に入らずんば虎子を得ず」とか。さもありなんと思った。

大阪の郊外、茨木市の名刹《めいさつ》・総持寺の裏手に、江戸時代に建てられた自宅に住む。近くの庭には春になるとレンゲの花が咲き、丹精を込めてつくるチューリップやヒマワリ、コスモスなどを近所の人たちが待ち望む。囲碁六段、尺八を楽しむ風流人でもある。

中学時代は甲子園を目指した野球少年だった。現在でも春夏の大会は必ずネット裏へ。それを知った牧野直隆・高野連会長らの推薦で日本学生野球協会の委員を務める。

そんな野球ファンの目下の関心事はタイガースの成績。故福見秀雄・元長崎大学長とは「生か不活化か」と激しいワクチン論争を展開した仲間だが、「彼は巨人ファンでね。不倶戴天《ふぐたいてん》の敵だったな」と懐かしむ。「野村監督はいいよ。でも、巨人に比べたらコマが足りない」と今年の戦力を分析しつつも、ひそかに昭和六十年のフィーバー再現を夢見る。

明治四十八年生まれを自称するがゆえに明治の進取の精神を尊ぶ。「病原体が分かれば必ずワクチンができるはず。エイズだって例外ではない。日本で率先して研究すべきだな」

編集委員　中沢礼次郎

（99．2．13掲載）

目に見えないものの大事に

美学者 寺尾勇さん

景観は日本の文化遺産

「そりゃあ飛鳥は今も好きですよ。だけど、ぼくの好きな飛鳥は日に日に遠くなって失われてしまった。今また万葉ミュージアムの建設予定地から「富本銭」が出てきて騒がれていますが、ぼくは最初から建設には反対だったので、県の方には改めて計画の見直しをお願いしました。テーマパークはもういらない。これは奈良だけの問題じゃないけど、せっかくの保存事業が本来の景観を破壊している場合もある。経済効果ばかりを期待した行き当たりばったりの保存事業が多すぎて、歴史的景観や文化財の保存に対する哲学がない。日本の景観は日本文化が残した文化遺産としてもっと大切にしてほしいですね」

〈飛鳥の保存運動の火つけ役の一人。政府の歴史的風土審議会専門委員として「古都保存法」や「明日香村特別措置法」の制定に奔走。七〇年に寺尾試案として出された明

てらお・いさむ

1907年（明治40）2月17日東京生まれ。クリスチャンの軍人だった父の任地を転々とした後、神戸・須磨で中学、高校時代を過ごす。28年京大哲学科に入学。純粋哲学にあきたりず、次第に美学に関心を持つ。大学院卒業後、奈良師範教授、奈良医科大講師を務め、戦後、奈良学芸大学（現在の教育大学）の創設にかかわり、教育系の大学としては初めての美学講座を開設。大和の風土を愛し、飛鳥の保存運動に深くかかわる。奈良教育大学名誉教授。飛鳥保存財団運営委員長として今も飛鳥の未来設計に夢を託す。主著に「ほろびゆく大和」「大和路心景」など。

日香保存の構想は、村のほぼ全域を〝野外博物館〟にするなど思いきったもので、「エコミュージアム」的な発想は時代を大きく先取りしていた〉

「それぐらい思いきった発想の転換を考えなければ未来は開けてこない。村の入り口に関所を設けて入園料を徴収し、その一部を村に還元する。外部の人間は入り口で車を止めてそこから歩くか別の交通システムで村内を見学するという私の考えは、決して悪くなかったと思うけど、今思えば時期が少し早すぎた」

〈大学時代に和辻哲郎の「風土論」の講義を聴いたことで、人間の暮らしを取り巻く景観に関心を持つ。卒業後、奈良に職を得て住みつき、破壊が進む古都の姿に心をいため、〝滅びの美学〟と名づけられた独特の美意識と歯にきぬ着せぬ辛口の批評で、歴史的景観の保存を訴え続けてきた〉

「景観や建物、仏像が、まさに滅びてゆこうとする中にこそ、それぞれが持つ最も美しい姿がある。人はそれに接し、感動を覚えることで心のいやしが得られるというのがぼくの説く美学。でも滅びゆくものには美しさがあるが、滅びてしまっては取り返しがつかない。そのよみがえりに手を貸すのが、現代人の責務ではないでしょうか」

〈中学時代、ある生徒が不祥事件を起こし、教頭が全校生徒の前で「私が悪かった」と頭を下げた。だが、日ごろの教頭の言動からあまりにそらぞらしいと、「この偽善者め」とゲタで頭をなぐり、退学になったことがある。大学に入学後、内村鑑三に傾倒し、権力や偽善に対する抵抗の精神と自由主義の生き方を、学者になってからも貫いた〉

「大学ではぼくは〝異端児〟でした。入学式でも新入生を前に『君たちにおめでとうと言いたいけれど、天才でなく、ただ大学に入るに適しているだけの君たちは不幸だ』

なんて言うもんだから、みんな変な顔をしてましたね。学者は孤独な自由人であるべきというのがぼくの考え方。学者が学会で徒党を組むなんて政党と同じじゃないか。ぼくは人生も放浪、学問も放浪で通してきた。

だから、定年で大学を去る時には『ぼくみたいな人間にだけはなるな』と学生たちに言い残した。それと、『奈良の古いものになじむのはいいけれど、奈良には平和なもの、完全なものが多すぎるので、その中でぬくぬくとしていてはいけない。もっと抵抗の精神を持て』と」

「大学で〝異端児〟だったぼくが二十世紀の終わりもまた〝異端児〟として去って行く。でも、一脈の望みは持っています。それは、全体としてみると、今の世の中は破壊的な状況だけれど、その中にぽつん、ぽつんとわが道を行く若い人がいる。今の社会の流れに逆行している。そういう人の中に、将来立派な人間になる芽があると信じています。だけど、ややもすると群れの中に押しつぶされてしまう。これからは個性と創造力をもっと育ててほしいね」

〈今の不況や世の中のすさびは、決して今降ってわいたものではなく、時代の流れの中で養われたタネの芽が生えてきたもの。「政治家が先を見通す力を持ってないから今のような混乱が起こるのだ」と〉

心の荒廃もっとこわい

毒舌教授として知られていた奈良教育大学時代。春日大社の境内で（1965年ごろ）

「長く鎖国が続いた徳川時代から、新しい近代国家ができた明治時代。そして大正、昭和と、改めて振り返ってみると、大きくふくらんだ時代と縮みの時代がほぼ交代にあった気がします。今はその縮みの時代が終わって、破れの時代。それも底抜けの破れの時代になってしまった。例えていうなら鎌倉時代の地獄絵図みたいな様相を示している。でもこれを世紀末といって片づけてしまっていいかどうか。ヨーロッパの世紀末は退廃からまた復興、つまりルネサンスをやっている。だからヨーロッパのデカダンスには精神的な薫りがあったが、日本にはそれがない。毎日、新聞紙面をにぎわす犯罪・事件を見ていると、『犯罪カタログ』ができるほど。でもその底流にある日本人の心の荒廃はもっとこわいね」

「日本は今、経済の状態が悪いから、一日も早く経済の復興を急がねばといわれている。でも〝衣食足りて礼節を知る〟というけれど、では経済が復興して豊かになったらどうなるのかという見通しがまるでない。またバブルのころと同じ生活に戻るのでは意味がない。三代を経て日本人が受け継いできた〝良い遺産〟がみな消えてしまった。モノや金でなく、目に見えないものをもっと大事にしないといけません」

●聞き終えて

河の如く来たり、風の如く去る

神戸・御影のマンションの最上階。ベランダから紀伊半島や淡路島が一望できる。琉球畳を敷いた和室は、好きな蕪村の句から『借寸庵』と名付けたお気に入りの空間とか。「もっと姿勢を崩して」とのカメラマンの注文に、「どうせぼくは人生も崩れてるからね」と笑わせて、冷酒のグラスを傾ける。「隠遁《いんとん》といえば聞こえはいいけど、ぼくの場合は酒遁だね」

自らつけたあだ名が〝風来坊〟。その名の如《ごと》く飄々《ひょうひょう》と生きて九十年余。「そろそろロマンの旗を降ろす時」と、二十一年間続けてきた奈良の隠れた古寺を巡る旅を昨年で終了。一月末に大阪市内で開かれた最終講義には約百五十人が集まった。

旅を振り返るビデオの最後に自作の詩を二編。

〈我はまさに去るべき客の如し／去り去りていづくのか行かんと欲す／河の如く来たり／風の如く去る〉〈ひとつ山押してなびけばすすき原／枯れてゆくのも／力の如し〉。山の辺の道と曽爾高原での作といい、「次の世代への遺言であり、今のぼくの心境でもあります」と。人生の旅路の果ての言葉が心に響く。

愛するゆえに奈良を離れ、青春の思い出の地、神戸に戻って二十数年。「ぼくがもし神であったら、人生の最後に青春をおきたい」と語り、今、その第二の青春を気ままに楽しんでいる。

編集委員　音田昌子

(99. 2. 27掲載)

臨機応変 "気働き" で接する

茶道家 塩月弥栄子さん

〈茶道家であると同時にマナーの先生としても知られている。現代版マナーの指南書として七〇年に出版された著書「冠婚葬祭入門」は二百万部も売れた。九〇年代終わりの今、戦後育ちの世代が親となり、子供のしつけや教育に頭を悩ませている。裏千家の娘としてどんなしつけを受けて育ったのか。まずは子供時代の思い出から〉

「両親のしつけは一見自由放任に見えて厳しかったですね。ただ、父と母とではしかり方が違いました。母の方が行動的で、悪いことをすると柄の長いほうきを持って追いかけてくる。そして、根元の一番硬いところで、いやというほどおしりをたたかれた。私はやんちゃだったので、きょうだい中で多分一番よくたたかれました。父の方はだんまり作戦。家元の父は、家にいる時は子供たちと一緒に夕食を食べるのが習わしでした。でも悪いことをすると、食事中に家族の会話に入ろうとしても完全に無視される。廊下を歩いてすれ違ってもそっぽを向かれて。その冷たさがふるえあがるような感じで、だからとても後悔して、ごめんなさいと言わずにはおられなくなる。それが父の付け目だったのでしょう」

しおつき・やえこ

1918年（大正7）4月4日裏千家十四世家元の長女として京都に生まれる。19歳で結婚するが29歳で離婚。OL生活を経て医師の塩月正雄氏と再婚。本業以外のテレビ出演や執筆活動も忙しくなる。58年日本政府の文化使節として茶道を通し国際交流に努めたほか、66年日本万国博覧会準備委員、67年内閣婦人問題懇話会委員など。著書も多く、中でも「冠婚葬祭入門」は続、続々編も出るベストセラーに。裏千家淡交会理事、学校法人秀明学園特別顧問、財団法人日本ブライダル事業振興協会会長などを務める。現在の裏千家家元・千宗室氏は実弟。

「今はそんな厳しいしつけをする家庭はなくなりましたね。でも私は、よそのお子さんでもお預かりした限り、目に余った時は遠慮なくおしりをたたきます。大学でも、教室で後ろで騒ぐ子がいて、注意してもきかない時は、私の方が出て行くの。前の方で一生懸命ノートを取っているお嬢さん方に『ごめんなさい。でも、教室の前の廊下にいるから、皆で話し合って悪かったと思ったら、呼びに来なさい』と言ってね。言うべき時ははっきり言わないと。最近、問題になっている学級崩壊にしても、先生にそれだけの勇気がないからです」

……………4 児残し、婚家飛び出し……………

〈自由を求め、トランク一つで婚家を飛び出したのが二十九歳の時。四児を置いての離婚は当時の女性としては〝翔《と》んでる〟生き方だった。戦後間もない東京で、三畳一間の貧しい生活。やがて職場でお茶を教え始めたのが新しい人生のスタートに〉

「お茶というと、やれ畳のへりを踏むなとか、こんな飲み方をしてはいけないなど作法やルールがやたらうるさいと思われていますが、大切なのは基本となる〝お茶の心〟であり、それは日常生活に生かせるものであることに、自分が教えて初めて気づきました。例えば千利休の言葉で〈その道に入らんと思ふ心こそ我身ながらの師匠なりけり〉とか〈はぢをすてて人に物とひ習ふべし是ぞ上手の基なりける〉もそう。なにごとも、自分がその気になって習うことが大切であり、上達するには恥を捨てて教えを乞《こ》う姿勢が大事だと説いている」

「マナーも形じゃありません。テレビのＣＭで、若いウエートレスがグラスをガチャンと音を立てて置くのを見て『サービス悪けりゃ命取り』とかいうのがあるけど、そういう言い方でなく、ものへのいとおしみというか、『グラスが泣いてるわよ』というような教え方ね。夜、つめを切ってはいけないとか、お掃除をしたらいけないといわれるのも、要は余裕を持ってしろという戒めなのです」

「そういう基本を十分身につけた上でなら、例えば足でふすまを開けてもいい。私も前に、家に取材にみえた方があまりコチコチになっていたのと、お茶の先生という堅苦しいイメージを破りたくて、これをやったことがある。熱々のうどんを二つ載せたお盆を両手で持ったまま、『ごめんなさいね。冷めないうちに一緒に食べましょう』と言いながら、わざと足でふすまを開けたの。相手の緊張をほぐすための一つの演出だったのですが、このように臨機応変にするのが〝気働き〟。心配りや心遣いと似ているけど、こちらは人がしている通りにまねすればだれでもできる。でも、気働きはなかなか難しい。きょうだいに例えると、気働きの方がずっとお姉さん格ですよ」

〈再婚相手の正雄さんが亡くなった後、現在のマンションに移り、一人暮らし歴二十一年。部屋のあちこちに亡夫の写真が飾られ、今も毎日、話しかけている〉

「一人暮らしが寂しいと思うのは単なる思い込みにすぎません。生きたいように生きられるのが一人暮らしの楽しさ。人間としての誇りが持てるということね。一人の不安におびえて家族と同居して、楽隠居で一気に老いていくのか、それとも頑張ってもっと広い世界の中で生きたいのか。それを決めるのは一人

京大生にほのかな恋心をいだいた、17歳のころ（京都・裏千家の庭で）

一人の自由です。

一人だが独りじゃない

私も、最初は一人でいるのが不安でした。でも、ある日、『いつまでもめそめそするんじゃない』という夫の声が聞こえた気がしてはっとした。そうだ、生きるということは、ただ息をしているだけではないんだ。残された人生を、自分にできることを精一杯やってみようと。孤独に耐えようとか、孤独に打ち勝とうなどと意地を張ってはかえって苦しくよけいに切なくなる。たとえ一人で暮らしていても、独りぼっちじゃないことを忘れないことです」

〈「吾十有五にして学を志し、三十にして立ち…」で始まる孔子の言葉を、塩月さんは現代の寿命にあてはめてこう解釈する。「天命（天が与えた使命）を知るとされた昔の五十歳が今の八十歳。耳順《したが》う（自然に物事が分かる）昔の六十は九十六歳。思いのままに行動しても道にはずれないとされた七十歳は今の百十二歳になる」と〉

「これでいくと、昔の八十はおよそ百三十歳。つまり百三十歳ぐらいまで生きないと本当の長寿とはいえません。日本は今、政治も経済もひどい状態で、この先どうなるのかわかりませんが、私は長生きしてその行く末を見届け、孫たちに『ほら、ナーナ（孫には自分のことをこう呼ばせている）が言ってた通りになったでしょう。ざまあみろ』って言ってやるのを楽しみに、百三十歳まで長生きしたいと思っています。まだまだ先は長く、今からよぼよぼなんかしてられません」

●聞き終えて

自称〝お転婆ぁ〟生き方目標は「熟麗」

お茶の先生というイメージから、しとやかな和服姿の女性を想像していたが、待ち合わせの場所に現れた塩月さんは、パンツスタイルにショートヘア。口紅以外はほとんどノーメークという肌もすべすべとしていて、とても八十歳とは思えない。「お若いですね」と感心すると、「若いでしょ。中身も若いのよ」とにっこり。

いたずらっ子のような目、目じりを少し下げた人なつっこい笑顔に初対面の緊張が一瞬のうちにほぐれた。自称〝お転婆《てんば》ぁ〟。〝家元のお転婆娘〟がそのまま年を重ねた感じの人だ。

撮影は梅の花が満開の東京・麻布の有栖川宮記念公園で。ストレス解消法は思い切り大声を出すこととか。ハワイへ行った時などに、海辺で「バカヤロー」「コンチクショー」と叫ぶらしいが、どうしてもうっぷんがたまると、深夜ひそかに自宅に近いこの公園に来て叫ぶこともあるという。

〈きんぎんに　わが年齢《とし》言えば「トゥ・ヤング」〉。これは双子姉妹のきんさん、ぎんさんに初めて会い、「若いのう。まだ子供じゃわい」と言われた時に作った一句とか。「熟麗」という言葉にふさわしい生き方が理想と語る。

若いころからの筋金入りのたばこ好き。「たばこは私の健康のバロメーター。だれが何と言おうと、死ぬまで吸い続けます」とどこまでも元気な〝お転婆ぁ〟だ。

編集委員　音田昌子

（99．３．13掲載）

何事も天地自然の恵み

陶芸家（赤膚焼）**尾西楽斎**さん

我が意のままにならず

「窯元に生まれて、先代に習うて、今日までやってまんねんけど、やきものは天地自然の恵みものとはほんまにようういうたもんでんな。自分がこうやりたいと思うてもなかなかその通りにはできません。〝やきものは　我が意のままにならずして　天地風水火の恵みなり〟。ぼくはこの言葉が好きで、いつも念頭においてます。やきものというのは、気候、風土の関係もありますが、窯の中の温度や土に含まれる水分など、その時々の具合によって出来不出来がころっと違ってくるんですわ。

なんせ火の中のことやから、窯の中でどう変化するか、出してみるまで分からない。失敗もあるし、思いがけなくうまく焼ける時もある。それがやきものの難しさであり、また楽しみでもありますな。最近はほとんど電気窯やけど、電気窯は安定するから失敗もない代わり、ええもんもできん。あまり感心しまへんな。やきものはいろんな出来不

おにし・らくさい

1910年（明治43）4月15日奈良県大和郡山市で生まれる。本名は安蔵。代々陶工の家で、3代目三蔵の弟、槌松（4代目）の長男。16歳から先代について修業を始め、後に三蔵の娘と結婚して5代目となる。31年の徴兵で旧満州・長春の警備隊に配属。38年に召集。中国で終戦を迎える。戦後、再び陶芸を始め、48年日展で初入選し、3年間連続入選。57年アメリカで開かれた世界陶芸展でグランプリ受賞。その後は伝統の茶陶、花器作りに専念。97年、大和郡山市の第1号文化栄誉賞を受賞。奈良ロータリークラブの初代からの会員で、42年間皆勤の記録を持つ。

出来があって、ええもんができるんですわ」

〈赤膚焼は、古くから土師氏により平城京の瓦《かわら》などが焼かれていた奈良西京の地に、寛政八年（一七九六）ごろ、郡山藩主の柳沢尭山が開窯させたのが始まりとされる。とくにその名を天下にとどろかせたのは幕末の名工、奥田木白。尾西家はその木白ゆかりの窯を藩主から拝領し、「香柏窯・楽斎」の名を代々受け継いできた〉

「うちは代々、お茶の道具を主につくってますよって、釉薬《ゆうやく》もできるだけからだにやさしいものをと、天然の植物性のものを使うてます。農家へ行って木灰や藁《わら》灰を買うて来て、うちで調合するんですが、その調合の仕方でも微妙に仕上がりが違う。同じ藁灰でも粳《うるち》米のともち米のがあって、目で見たかて違いはわかりませんが、焼いてみたら結果が出てくる。もち米の藁灰の方がちょっと火力が強いんです。まさに〝天地風水、火の恵み〟でんな。

でも、考えてみると、これは陶芸だけやなくて、人生のすべてにあてはまることやと思います。この世の中には我が意のままにならないことの方が多いけど、何事も天地自然の恵みと達観すれば腹も立ちません。今の時代は、我が意のままに生きようとする人が多すぎるんやないですか」

〈戦後、日展でデビューし、三年間連続入選。アメリカで開かれた「世界陶芸展」でもグランプリに輝いた。だが、展覧会に出すための作品作りには限界を感じ、本来の家業である、伝統の茶陶や花器作りに戻り、木白写しの第一人者といわれるまでに。後年は赤膚本来の赤い色を復活させることに力をそそぐ。五十歳のころにこれに成功。独自の赤膚の世界を確立した〉

「それまでの赤膚焼は、灰を釉薬に使うので白っぽい色のものが多く、『赤膚いうけど、これ白膚や』とよう言われました。でも、赤膚山の土は鉄分が多く、もともと赤みがかった色をしています。それでぼくはこれが本来の赤膚焼やというものをやってみようといろいろ試してみて、ようやくこれだという方法にたどりついた。それは釉薬をかける前に、赤い色を出したいとこに鉛筆で輪郭を書いておいて、その部分にろうを塗るんですわ。これで釉薬をかけて窯に入れると、ろうを塗った所だけ釉薬が焼けて赤い土の地肌が出てくる。つまり、釉薬をここだけ抜きまんねん」

〈と、実際の作品を例に説明を。例えば、木白の「不二茶碗《わん》」を写した「赤富士茶碗」。なるほどその名の通り、赤い富士山が白っぽい背景の中でひと際鮮やかに映えて美しい。そのほか、東大寺・二月堂の良弁椿《つばき》を描いた水差し。蛍のおしりの光る部分を赤くした夏茶碗。奈良名物、柿《かき》の実を描いた花器など、赤い土の色をそのまま生かした自然の色合いは、絵の具の赤とはまるで違う深みと味わいがある〉

「木白は茶の湯や俳諧《はいかい》にも通じた風流人だったと伝えられますが、お茶やお花の道具を作るためには、やっぱり、お茶やお花の基本をしっかり知っておかなあかん。ぼくも先代に言われて、十代のころから茶道、華道、書道、絵画……と一通り、芸術的なことをやってきました。それが作品にどう表れるのかはわかりませんが、風格のある作品をつくるには、それなりの素養が作り手にないとあきまへん。

昭和天皇が奈良を訪問された時に赤膚焼の技を披露する尾西さん（左から2人目）＝1951年、大和郡山市の工房で

奈良にふさわしい茶陶

最近は、陶芸ブームとやらで、あっちでもこっちでも陶芸をやる人が増えました。安い電気窯が普及して、素人でも簡単に趣味で陶芸を楽しめるようになったのはええことやけど、ただ斬新《ざんしん》だというだけで人気を集め、作家として売り出した人も多い。これはちょっと変わってるなというもんが、見方によってはこれはええもんやとなりまんねん。でも、わしらから見たら素人はんや。苦労してへん。そうして名前を売ってる人と、土こねて苦労してやってる人とはやっぱり違いますわな、作品が」

〈今月二十四日に竣工《しゅんこう》したばかりの大和郡山市立商工会館の外壁の最上部に、尾西さんのちょっと異色の〝作品〟が掲げられている。金魚の産地、郡山を象徴する赤い金魚をモチーフにした、畳二枚分の大きな陶板だ。「金魚の下に記された『赤膚　楽斎』の名も、商工会館がある限り、残りますわな」と目を細めた〉

「やきものはまさにその土地の風土から生まれ育ったもの。その意味からいうと、赤膚焼は、茶道の発祥の地であり、『まほろばの国』、奈良にふさわしい『まほろばの茶陶』といえるのでは。この土味を生かした、あたたかみと味わいのある赤膚焼の魅力を一人でも多くの人に知ってもらうことに、余生をかけたいと思うてます」

●聞き終えて

窯元の最長老　新作手に「花嫁の父の心境」

JR郡山駅から歩いて一、二分。踏切のすぐそばに「香柏窯」の名を掲げた尾西さんの自宅兼工房がある。「駅前のこんな場所に上り窯がある窯元なんて、全国でもうちだけやろ」と苦笑する五代目は当年八十八歳。現在、大和郡山市と奈良市に計六か所ある赤膚焼の窯元の中で、もちろん最長老である。

やきものの話になると、とたんに熱がこもる。手にした柿の図柄の花器は〝嫁入り先〟が決まっている最近作。愛《いと》しそうになでながら、「花嫁の父の心境でんな」としんみりと。

部屋の中央にでんと鎮座する白い大きな火鉢は、日展に花器として出した作品を火鉢におろしたもので、ぜひ分けてほしいと所望されるたびに新しく作り、「今あるので五代目です」。

色つやのいい肌は「酒のせいやろ」とにんまり。二合入りの自作の燗《かん》瓶で、今も毎晩晩酌を欠かさないという。「そういえば、赤膚焼の色もお酒が入ったような色ですね」と言うと「よくそう言われまんねん」とまたにんまり。

流暢《りゅうちょう》な関西弁。よくしゃべり豪快に笑う。六代目は、伝統的な奈良絵を現代風に描いて新天地を開き、七代目の孫も最近腕を上げてきた。昨年、大阪で開いた「三代展」に続いて、先月、東京で「師弟展」を開くなど、まだばりばりの現役だ。

編集委員　音田昌子

（99．3．27掲載）

正しい日本語の歌を

作詞家 **丘灯至夫**さん

「言葉がはっきりしていて、わかりやすくて、易しくて、これがヒットの条件でしょうね。大ヒットした舟木一夫のデビュー曲『高校三年生』（遠藤実作曲）は昭和三十八年六月の発売。前年の秋、都内の高校の文化祭に行ったら、男と女が手を組んで踊っているのを見て、腰を抜かさんばかりに驚いた。私ら大正生まれの田舎育ち。女子生徒と男子生徒が歩く道、分かれていたんですから。女子生徒の道歩くと、翌日、懲罰です。だから、びっくりしますよ。うらやましくもあった。その感動から、―ぼくら　フォーク・ダンスの　手をとれば　甘く匂《にお》うよ　黒髪が、の詩が浮かんだ。まず二番の終わりの歌詞からできたんです」

〈〽赤い夕陽《ひ》が　校舎をそめて……で始まるこの歌で、レコード大賞作詞賞を受賞。舟木は新人賞に輝くが、遠藤は作曲賞を逃して坊主頭になる。平成四年、ＮＨＫがテレビ放映四十年記念として全国の視聴者から集めたリクエスト「思い出の歌一曲」の総合得票で一位に。それ以前は、焼け跡世代の「リンゴの唄」「青い山脈」などの青春歌謡がトップだった〉

おか・としお

1917年（大正6）2月8日、福島県小野町生まれ。本名は西山安吉。32年（昭和7）、郡山市立郡山商工学校（現・県立郡山商高）卒業。35年から詩人、西条八十に師事、詩、歌謡、童謡などの作詩の道に入る。41年、NHK郡山放送局総務課に勤務。42年、毎日新聞福島支局に記者として勤務。48年、東京本社出版局に転勤、毎日グラフの記者として勤務し、72年に定年退職。49年に日本コロムビア専属作詞家となり、現在に至る。63年に日本レコード大賞作詞賞、64年に同童謡賞受賞。88年、勲四等瑞宝章受章。芸能福島県人会会長。著書に「歌暦五十年」など。

乗り物シリーズ次々

「『青い山脈』は西条八十の作詞。師匠と弟子で国民的歌謡を作らせてもらった。戦後の歌謡史を振り返り、大変お役に立てたんではないかと、自慢してんですよ」

〈生まれつき病弱で、学校を出て生花店に勤めたが、十日で倒れた。職を転々としたが、どこも長続きしない。西条の自宅に押しかけて弟子入りし、作詩の道へ〉

「体が弱かったから、学友たちがやれることがやれない。運動会だって一緒に走れないし、修学旅行も行けない。本読むことぐらいですよ。少年倶楽部とか日本少年などの雑誌に、吉川英治、佐藤紅緑といった一流の作家が小説を書いてくれていた。愛読して、それが身になっているんです」

〈戦後、写真雑誌記者との〝二足のわらじ〟を五十五歳の定年退職まで続ける〉

「『あこがれの郵便馬車』（古関裕而作曲）は昭和二十七年。新宿辺りはまだ瓦礫《がれき》の山。何もかも無くなって、人恋しい時代ですよね。私らは夢をつくってあげるのが商売。皆さんが歌ってくださったのは、そういうあこがれがあったからでしょう」

〈乗り物の歌が売れ、郷里の大先輩の古関とのコンビで「高原列車は行く」「自転車旅行」「登山電車で」などを次々と〉

「『高原列車――』が出たのは昭和二十九年。田舎の磐梯山麓《ろく》を走るトロッコ列車や風景を思い浮かべて作りました。病弱で旅行に行けなかった小学生時代、湯治のために何度も乗ったんです。乗り物はあこがれでした。私のイメージはのんびりした優雅なものだったんですが、古関さんはヨーロッパのアルプスを走る軽快なリズムの曲想で書いてくださった。最初はびっくりしましたが、マッチしたんですね。詩というのは曲あって生きるわけだから。のど自慢でよく歌われました。ただ、多過ぎてね。出場者がこの歌ばかり歌うので、ＮＨＫは困ってました。三十五年には流行歌で初めて中学の教科書に採用されました」

「乗り物の歌は最後に『人工衛星空を飛ぶ』まで作ってね。結局、作ってないのは霊《れい》柩《きゅう》車。『霊柩車は行くよ』を作る腹でいるんだが、会社が乗ってくれない。だれもが死ぬ。この世の歌はいっぱいあるので、あの世の歌を作るのが私の希望。行った人はだれも帰ってこない。皆が仏様か神様。素晴らしい所だと思う。『あの世はパラダイス』という歌、小林亜星作曲で作る段取りもできてる。歌い手が難しい。年寄りじゃだめ。ＳＰＥＥＤとか若いアイドル歌手にやってもらえば、受けるんじゃないか」

〈「東京のバスガール」「襟裳岬」「智恵子抄」など歌謡、「日本を愛す」など吟詩、「ねこふんじゃった」など童謡、「みなしごハッチ」「魔女っ子メグちゃん」などアニメ主題歌……。作品数は約二千〉

「演歌を夜の歌とすれば、私のは明るい昼の歌。どろどろした歌はありませんね。駆け落ちとか不倫とか。照れくさいというか、育った環境ですか、抵抗がある。ディレクターから『明るい不倫の歌を作りませんか』と言われるが、できないですね、やはり。結局、人間が育ち切れてないというか、子供の歌は抵抗なく作れるんです」

「私の場合は言葉が先。曲が先だったのは『ねこふんじゃった』と

東京の日本コロムビア本社前で、作曲家の古関裕而さん（左）と（1947年）

ロシア曲の『山のロザリア』『カチューシャ』ぐらい」

音楽先行で乱れる言葉

「心配なのは日本語がめちゃめちゃになっていることですね。私どもは言葉を先に作って、作曲家がその言葉を見て、言葉の中身を理解してね、それにふさわしい曲をつけてくださった。今は曲が先にできる。九割がそう。作曲が先ということは、言葉をあとからはめ込むわけですね。イントネーションが全部めちゃくちゃになっちゃうんです。今は音楽先行で、リズムで刻んでいく。私ら古い人間はどこから歌に入るかわからない。一部の世代がよく聴いて、百万枚とか百五十万枚売れたと言うけど、子供から大人までの歌にはならないわけ。今の歌が今の若い人たちが六十歳、七十歳になった時に歌える歌になって残るかというと、ちょっと難しいんじゃないか。だって今のヒット・チャートの八割が日本語じゃないんですよ、タイトルが。外国人がわからない英語なんですね、中身が。日本語の正しい使い方をした歌が出てきてほしい」

「自然環境が壊されていってるでしょ。だから今は直接的な男と女の掛け合いの歌ばかり。情緒がなくなってる。日本全国、都会化しちゃって、歌に差がない。どこの国の歌かわからなくなる。文明が進み過ぎると、日本は破滅します。美しい自然、日本語も同じこと、大事にしたいと思う」

●聞き終えて

現役60年、心弾ませてくれる力信じて

「あこがれの郵便馬車」「高原列車は行く」。それぞれ私が四歳、六歳の時の歌だ。ラジオからよく流れていたのだろう。不思議と歌詞を覚えている。

「高校三年生」は中学三年の時。高校を中学に置き換えて歌ったものだ。「修学旅行」「君たちがいて僕がいた」と続く学園ソング。あの青春時代。今でも口ずさめば、即あのころの自分や仲間を思い浮かべることができる。元気が湧《わ》いてくる。

「今は学校が暗い。私なんかひ弱で随分いじめられた方ですがね。だれかが助けてくれた。これらの歌は、気分を明るくする。心を弾ませてくれる。歌の力とはそういうものではないでしょうか」。福島訛《なま》りが残る淡々とした口調。小柄。穏やかな顔だち。春の陽《ひ》を思わせる、ぽかぽかとした雰囲気が漂う。

千葉県柏市に妻と二人で暮らす。現役作詞家として年間数曲は書く。健康のため、週二回、東京へ出て鍼《はり》を打ってもらう。

平成五年、古里の小野町に丘灯至夫記念館が開設された。今年十一月には郡山市に「高校三年生」の歌碑が建立される。

九月に作詩生活六十年、コロムビア専属五十年記念CDを出す。ソプラノ歌手に旧作十八曲を吹き込んでもらった。あとは新作二曲。「年輪を重ねたものを」と今、想を練る。世紀末、元気の出る歌を期待したい。

編集委員　加藤　譲

（99．4．10掲載）

知恵働かせ応用力を

生活評論家 **吉沢久子さん**

〈五〇年代の初めごろ、マスコミが生んだ〝家事評論家〟の第一号。食べるだけで精いっぱいだった時代から、生活に少しゆとりが出てきて、戦後の混乱の中で忘れ去られた生活の知恵や技術を見直そうという機運を背景に、家事のハウツーを教える専門家として幅広く活躍。戦後の主婦たちに歓迎された〉

家事を知らない主婦

「私たちの世代は、自分ができなかったことを娘たちにさせたいという思いがありました。だから（娘たちには）家事なんかさせるより、男の子と同じように上の学校へ進ませて勉強させたいとか、社会に出て活躍してもらいたいと考えたのです。それが戦後の女性の新しい生き方だとされたし、母親もまたそれを望んだんですね。その娘たちがもう六十代になっている。家事の伝承がこの年代で途切れたことは、日本の女性が新しい時代を迎える過渡期の現象だったのでしょうが、その変化はものすごい速さで進みま

よしざわ・ひさこ

1918年（大正7）1月21日東京で生まれる。母親の生活を見て、男に頼るだけの生き方はしたくないと、速記者の資格を取り、仕事を続けながら東京栄養学院、文化学院を卒業。42年から評論家の古谷綱武さん（84年没）の秘書を務め、51年に結婚。家事評論家の肩書で新聞や雑誌に原稿を書くようになる。テレビの料理番組でも草分け的存在。夫とともに始めた勉強会「むれ」の活動は今も続いており、本の執筆や講演活動などにも忙しい。近著に「ひとりで暮らして気楽に老いる」「老いて『新しい自分』と出会う」「ひとり暮らしの食卓」など。

した。

　男も女も対等にというのは大変いいことだったのですが、外で男性と同じように仕事をしても、家事の負担は結局、女性の肩にかかる。女だけが苦労することへの反発もあって、家事の手抜きが一時はやりましたが、やってみるとその方が楽だというので、どんどんそっちの方へ行っちゃったのかもしれません。便利な器具は出るし、食品もだれが作ったかわからないものでも平気で食べるようになってしまった。おふくろの味が、文字通り袋入りの〝おフクロの味〟に替わり、最近はコンビニマザーなんて言葉まで生まれている。私はこれも日本人の生活が落ちついていくまでの一つの過程だと希望を持っているのですが、そのまんまにしておくとやっぱり違うかもしれないナという気もしています。生活ってものが何なのかを、一度みんなが考えてみる必要がありますね」

〈〝家事を知らない主婦〟が増えた背景をこう分析しながらも、同性の後輩たちに向けるまなざしは温かい。だが、家事のハウツーは本来、家庭で教えるべきこと。マスコミが手とり足とり教えることは、専門家の指導に頼るだけの受け身の主婦を増やすことになると、六七年に〝家事評論家〟の肩書を返上した〉

「例えばラジオの食生活相談で、『かまぼこをもらったけど、ネトネトしている。食べてもいいでしょうか』なんて質問されると腹が立ってきて。それぐらい自分で考えろって言いたくなるでしょう。『自分の生活のモノサシを持て』と話したら、『そういうモノサシはどこで売っているのか』なんて尋ねられたこともありました」

「家庭料理の検定制度ができた時も驚きましたね。卵焼きだとか大根の千切りだとか調理の技術だけなら、どんなベテランでも時には失敗するし、未熟な人でもまぐれで上手にできることもある。家庭料理に必要なのは、むしろ材料の繰り回しの工夫とか、限られた材料でも急場のやりくりができる応用の力だと私は思うのね。で、その時、『料理よりむしろ、いろんな便利な機械や薬品や化学繊維などが家庭の中に入りこんできていることを考えると、主婦としての最小限の必要な知識をはかる検定制度があってもいい』と、何かに書いたことがあるの。『昨日まで家庭内の責任を何ひとつ負ったこともない娘が、結婚したとたんに主婦になるこのごろの家庭では、危険がいっぱいある。包丁をとげなくても料理が得意だっていう奥さんもいるのはどう考えてもおかしい。将来はもっともっとおかしいことになってくるかもしれない』と書いたら、本当にその通りになってしまって」

〈戦争中、夫の助手として農村のおばあさんたちに昔の生活の話を聞いて回ったことがある。その時、『ぬかみそは女子《おなご》好きだから、何度も顔を見せてやるときげんが良くなる』（ぬかみそはよく混ぜろ）とか、『蓮《はす》はカリカリふたいらず』（蓮根《れんこん》を煮る時はなべのふたをしてはいけない）など、ことわざの中に生活の知恵が伝えられていることに感心した〉

使う側にも選択眼必要

「新しいものを一概に退けるつもりはありません。お赤飯のパックとか玄米のおかゆとか、一人暮らしには便利でおいしいものもたくさんあって、私も時々使います。でも、こうした食品を上手に使うには、使う側の選択眼や知識が必

民放テレビ局が次々と開局したころ。某テレビ局の料理番組のモニター版製作に協力。右は東京の「小川軒」先代主人の小川順さん（1959年ごろ）

要で、使う人間の方が食べ方の知恵を働かせないと、バランスを欠いた食生活になってしまう。自分の生活は自分で大事にしなきゃだれも大事にしてくれないぞということを、今の若い人には言っておきたいですね」

「今、自分のテーマとして悩んでいるのは、年をとると、生活能力がだんだん衰えてくるので、便利なものについ頼ってしまう。きょう持っている生活能力を明日に持ちこすためには、できるだけ自分を鍛えていかなくちゃならないんだけど、どんどん便利なものが出てくるとますますその能力が衰える。それとどう折り合っていくかが難しいですね。

だから、自分を鍛えるために、例えばフキンは手洗いするとかね。多少手が痛くてもきちっとしぼることで筋肉も鍛えられる。洗濯機も今は全自動で、洗剤の量まで親切に教えてくれますが、そこまで管理されるのはイヤだから、せめて洗剤の量は自分で考えようとか、いろんなところでささやかな反抗をしています」

〈「この五十年間で得たものを、いまの若い人がどのような形で二十一世紀へつないでくれるのか、私はそれを期待している。また、私たちが失ってしまった能力を、どう考えるかについての答えを聞いておきたいと思う」。近著『ひとりで暮らして気楽に老いる』の最後を吉沢さんはこう結んでいる〉

●聞き終えて

台所の戦後史と自分史、ライフワークに

東京・阿佐谷の閑静な住宅街。玄関わきの小さな菜園では、黄色い菜の花が真っ盛り。「落ち葉のたい肥で育てた野菜で、もちろん無農薬。三分の一を虫にあげて仲良く分け合ってます」と笑いながら、虫くいだらけの青菜を摘む。健康そのものの笑顔が四月の陽光の下で輝いていた。

ふっくらとした丸顔は、昔、テレビの料理番組で拝見したころとあまり変わらない。夫の古谷綱武さん（八四年没）は女性問題評論家として知られ、妻の仕事には理解があったが、家庭ではお茶一つ自分でいれたことがなかったという。

「頭ではわかっていても、自分が不便を感じるのはイヤなのね。だから家では〝封建的フェミニスト〟と呼んでました」と意外な裏話を。

自宅の台所は、今流行の豪華なシステムキッチンとは程遠い、ごく普通の台所。「普通の台所でできるもんじゃないといけないと思ってましたから」。晩年のライフワークとして考えているのはその台所の戦後史を自分史と重ね合わせて書くこと。「戦後の変化の中で一番大きかったのが台所だと思うし食生活は健康にも大きく影響しますから」と語る。

一人暮らし歴十五年。〝おいしく食べて元気に死ぬ〟をモットーに、これからも食生活にこだわり続けたいと語る。たしかに自分の暮らしは自分で守るしかない。

編集委員　音田昌子

（99．4．24掲載）

小さくてもいい独自の花を

詩人
坂村真民さん

「鳥は飛ばねばならぬ。人は生きねばならぬ。これが酉《とり》年生まれの私の命題であり、生き方なのです。道端にはえているどんな小さな草でも、それぞれ独自の花を咲かせています。それをじっと見つめていると、人として生まれてきた者は一人一人が存在使命を持っており、それを自覚して、それぞれの願いを持って、この二度とない人生を生きてゆくことが大切であると教えてくれます」

〈一人でも多くの人に生きる勇気と希望を与えたい。そんな思いで詩を作り続けて半世紀。大地に咲く野の花、タンポポを自分の分身のように愛し、自宅を『タンポポ堂』と名付けたのも「体も心も弱かった私が今日まで生きてこられたのはタンポポの励ましによるものだから」と〉

「私が八歳の時、父が急逝し、わが家はいっぺんにどん底の生活に落ちてしまった。母の大きな愛がなかったら、どんな人間になっていただろうか。私は長男でしたから、そんな母の苦労をじかに感じて生きてきましたが、今思うことは、人生を底から見る、下から見る、そういう目を持つ人間になることができたということ。これは実に得難い

さかむら・しんみん

1909年（明治42）1月6日熊本県玉名郡（現荒尾市）に生まれる。戸籍名昂。31年神宮皇学館（皇学館大学）卒業。在学中に短歌を学び、34年朝鮮半島に渡り、女学校、師範学校で教えるかたわら短歌研究に打ち込む。

終戦後、愛媛県に移住。高校の国語教師を務め65歳で退職。以後詩作に専念。62年月刊詩誌「詩国」を創刊。以来一度の休刊もなく今も1200部を無償で配布。80年正力松太郎賞、89年愛媛教育文化賞、91年仏教伝道文化賞などを受賞。月1回砥部町の朴庵で開く「朴の会」例会には全国から会員が集まり、詩碑も海外を含めて490基を超えた。

体験であったと思います」

〈どん底で生きてきた人間だからこそ持てる人間に対する慈愛のまなざし。苦しい時に母が自分を励ます言葉として唱えていた「念ずれば花ひらく」を真民さんもいつのころからか念仏のように唱えるようになり、「そのたびに私の花がひとつひとつ開いていった」と振り返る〉

「私は一九〇九年の生まれですが、二十世紀を迎える時、世界の人々は皆、新しい希望を持って迎えたにちがいありません。でも、動乱に続く動乱で、最後はかつてない大戦となり、日本は敗戦国になった。その敗戦国が世界一の金持ち国となり、いつのまにか正義も節操も失ってしまった。これは敗戦よりも恐ろしいことですよ。そうした中で、私は詩を作り続けてきました」

感謝の心なくなった

「私は日本に生まれたから日本を愛しています。四季折々の変化に富むこの国の自然を愛し、そこから生まれてきた民族の詩心を、こよなく美しいものに思います。でも、残念ながら戦争に負けてから、日本は無国籍な国になってしまった。つまり、自分は本当に日本人である、日本の国に生まれたのだという意識が五十兆の細胞の中に全くないのが今の日本人です。それを二十一世紀になってどうしていくかを考えると、死んでも死にきれない思いですね」

「まず感謝の心がなくなった。あらゆるものに感謝する。私なんか小さい時から体が弱かったので、まず親にもらった自分の体に感謝する気持ちをずっと持って育ちました。今でも五臓六腑《ごぞうろっぷ》の菩薩《ぼさつ》さま、両手両足の菩薩さまと毎朝唱えています。親への感謝、妻への感謝。もっと大きな目に見えないご先祖さまや神仏に対する感謝。そういうものが全くなくなってしまった。

娘が幼稚園の先生をしていますが、その幼稚園に大学を出たばかりの若い女の先生が入ってきた。ところが、その先生のクラスでは、お昼に『いただきます』も言わないし、手を合わせることもせんのやて。『私はそういうことを習ってないし、家でもしてないからやりません。そういうことを子供たちに押しつけたくない』ということらしい。そういう人にどうして感謝の気持ちを教えていけばいいのだろうか。何も働かないで、お百姓さんの作ったお米を食べて、漁師さんが荒海の中で苦労してとってきた魚を食べる。そういう労苦に対して、いただきますと手を合わせる。今の子供たちだって話せば分かるんですよ」

「小さい時に身についた習慣は、習い性となる。躾《しつけ》もそう。躾という字はからだに美しいと書きますが、これは中国の漢字にはない国字なんですよ。でもこれも今はしなくなった。父が亡くなった後、朝起きると家の前の畑の道を掃くのがぼくの仕事でした。きれいに掃いてあると通る人の気持ちがいいだろうって母に言われて子供心になるほどなと思いましたね。集めた牛の糞《ふん》や馬の糞は畑の肥料になるし、木の葉は夕方、おふろをたく時の燃料になる。それから水をくんで、仏さん代わりにまつっていたお父さんの喉仏《のどぼとけ》にあげるんやと。だから朝、夜明け前に起きてる母から『もう道が見えるから水をくんでこい』とか『道を掃いてこい』と言いつけられたものです」

郷里の熊本に母親の種さん（左端）を訪ねた時の写真。真民さん（右から2人目）と妻の久代さん（左隣）、3人の娘さん（1953年熊本で。この1か月後に母親は他界する）

家族一緒に食事を

〈いろんなことが崩れてきた根本は、食べ物、食事にあると指摘。家族がばらばらに食事をするようになった風潮を嘆く〉

「食べるということが人間の心を一番結び合わせてくれる。ぼくの父は八歳の時に亡くなりましたが、夏、縁側でみんなでそうめんを食べたのが一緒に食べた最後の食事でした。そのほか、父が健在だったころ、大みそかに子供たちを連れて町のそば屋へ行き、二階を借りて年越しそばを食べたことなど、食べ物を通して父の思い出が浮かんできます。そういう食べ物を通した心のつながりがなくなったことが今の子供たちの大きな不幸の原因でしょうね。これはやっぱりお母さんも悪い。せめて朝は一緒に食べましょうとか努力しなくては。生活時間がばらばらだからしかたがないと是認していたら、社会全体が崩れてしまう。

一緒に食べた思い出、とくに小さい時にはそういう思い出をたくさん持っていることが、その子の幸せにつながる。ぼくもそれがあったから、父が亡くなってどん底に落ちても、それを跳ね返す力があった。楽しかった思い出を持っているのと、持たないで育ったのとは違うと思いますね」

〈九十歳を迎えた今年、『千年のまなざし』と題した詩集を出版。「これからの地球人すべてが千年のまなざしをもって、戦争のない、差別のない、貧困のない、平和で愛に満ちた地球づくりをしてゆこう」との思いをこめて〉

●聞き終えて

すべての生きものに「千年のまなざし」

〝真民さん〟を訪ねるならタンポポの季節がいいと思っていた。その念願がかない、松山市郊外の砥部町にあるご自宅を訪ねたのは四月の下旬。松山空港からタクシーに乗って行き先を告げると「ああ、しんみんさんのお宅ですね」と、年配の運転手はまるで自分の身内の話をするように親しみをこめて、郷土の詩人の名を誇らしげに口にした。

真民さんの詩は、年齢・職業を問わず幅広く愛誦《あいしょう》され、中学や高校の教科書に載った作品も多い。「二度とない人生だから」は「いのちの電話」後援活動の一環として、さとう宗幸さんの作曲で歌にもなった。どの詩も温かく、時に宗教的なにおいが感じられるが、宗教詩人といわれることをご本人はあまり好まない。だが、三歳の幼稚園児が「二度とない人生だから／つゆくさのつゆにも／めぐりあいのふしぎを思い……」などと、詩を諳《そら》んじているという話を聞くと、真民さんの詩の持つ不思議な力を思わずにはいられない。

柔和な笑顔、静かな語り口。九十歳の今も、毎日午前零時に起き、打坐《たざ》、念仏、称名の後、詩を作る生活を続けておられるという。撮影は自宅近くの重信川の堤防で。草むらに寝ころび、遠くを見るまなざしは、かけがえのないこの地球上に生きるすべてのものの幸せを祈る「千年のまなざし」だった。

編集委員　音田昌子

（99．5．8掲載）

「歌」は心で歌うもの

声楽家
松田敏江さん

「『うたのおばさん』はね、実はアメリカのラジオに『シンギング・レディー』って番組があったんだけど、これをそのまま形を変えて作ったってことかしら。終戦後は放送も米軍の規制を受け、番組が作り直されたの。だれにやらせるかも、あちら式にオーディションで決める。歌える女性に命令同然の出頭通知が来る。行くと、楽譜を渡され、『さぁ、やってください』。あれよあれよという間に、私と安西愛子さんが〝うたのおばさん〟になっていたというわけ。おばさんといっても、若いのよ。子供にとって、小母《おば》さんの意味なのよ」

〈昭和二十二年、訳詞して歌ったインドネシア民謡「ブンガワン・ソロ」が大ヒット。「うたのおばさん」が始まったのは同二十四年。以来十五年、日曜を除く毎朝十五分間、五曲、安西と一週交代で歌い続けた。「めだかの学校」「ぞうさん」「サッちゃん」「犬のおまわりさん」などの童謡が生まれた。同二十八年四月、米NBCの招きで「シンギング・レディー」を視察。六月にはベルギー・ブリュッセルの世界音楽教育会議に日本代表として出席した〉

まつだ・としえ

1915年（大正4）3月7日、横浜生まれ。本名は松田トシ。36年（昭和11）、東京音楽学校（現・東京芸大）本科声楽科卒業。38年に研究科を卒業し、同校や日大芸術科、東京女子体操音楽学校の講師を務める。42年、日本ビクター専属。47年に日本コロムビアへ。49年から15年間、NHKラジオ「うたのおばさん」に出演。62年にキングレコード専属となり、現在に至る。71年、第1回日本童謡賞の特別賞を受賞。同年から10年間、日本テレビ「スター誕生」の審査員。87年、勲四等瑞宝章を受章。現在、日本歌手協会理事。著書に「知恵を伸ばす音楽教育」など。

「アメリカの〝うたのおばさん〟に会ったんだけど、彼女の服装を見てびっくり。もう本当に〝おばさん〟なのに、赤い靴をはいて、まるでお人形さんのようなドレスで歌ってるの。子供たちに夢を与えるためだっていうのね。そのとき、ああ、私もそんな生き方をしようって決めたってわけ」

「ブリュッセルでドイツの青少年の合唱があったの。舞台の彼らを見てびっくり。片手や片足の人がほとんど。合唱といっても無伴奏。でも、とても美しいコーラスだったわ。歌の切れ目にくると、普通はそこでピアノの間奏が入るので、どうするか見てると、驚いたことに、片手の人は隣の人の手を借りて、片足の人は隣の人の肩をたたいて、その音でリズムをとっていた。

彼らは『私たちは戦争で、小さいときにこんな体になってしまった。ピアノも何も残っていなかった。でも、歌をやるのにピアノはなくたっていい。私たちには心がある。歌は道具でするものではなく、心で歌うものだから』と言ったわ。私はハッとした。音楽は心でするもの。そうなの。これが一番忘れてはならない大切なことなのよ」

4年間毎日8時間学ぶ

〈父は外国航路の船長。母は琴の山田流の名取。一人っ子で歌好きに育った。関東大震災で兵庫県芦屋市に転居。市立精道小を卒業し、大阪市立扇町高女に入学〉

「ピアノを買ってもらったが、おけいこが嫌い。母はピアノの上にシュークリームを置いて、『おさらいが終われば食べていい』。お転婆《てんば》で、勉強より運動の方が得意だった。

女学校五年のとき、うちにお客さんが見えて、『お茶を持ってらっしゃい』と言われたので、紅茶をいれて差し上げたの。お帰りになってから、母が『あの人、どう?』。お見合いだったのよ。内務省の人。顔も覚えてないわ。何とか断る理由はないものか。で、友達に相談したら、『進学すれば』。母に『音楽学校に行きたい』と言うと、意外にも大賛成してくれた。実は母自身、音楽学校に進みたかったのを断念して結婚してしまったというのよ」

「でも、何年も前から音楽の勉強をしている受験生とは力の差が歴然。三学期に上京して、わき目もふらずに勉強した。銀座の楽器店のショーウインドーに飾ってあるピアノを借りて弾き、歌った。実演と思うのか、いつも黒山の人だかり。こちらは必死よ。試験に合格したのは、本当に幸運だっただけ。入学しても、実力がないので落第の心配ばかり。四年間、夜中の二時、三時まで、毎日八時間は勉強したわ。それで力がつき、声楽科を首席で卒業できたの。人間、自分の持つ力をフルに引き出せば、随分と思いがけないことができるんだなと思う。でも、そういう力を引き出すのは、結局、自分のやる気だけだろうとも思う」

「大事なのは努力。自分で選んだ道、夢を持ち続け、一生懸命努力すること。若いときは一度しかないの。後悔しないで。若い人はそれだけで美しい。みずみずしい。ぺたぺた化粧を塗りたくることないのよ」

ほめることが一番大切

戦後、″うたのおばさん″の明るい歌声は、子供たちばかりでなく大人にも希望を与えた(1955年11月、東京・山葉ホールで、子供たちに囲まれて)

〈「スター誕生」では辛口評が光った。三年前まで音楽教室を主宰。子供には童謡を、大人にはクラシックを。生徒はアマだけでなく、岩崎宏美・良美、新沼謙治、神野美伽らプロの歌手も指導を受けにきた〉

「『スター誕生』はね、自分では親切をしたと思ってるわ。歌の声を持っていない人や顔だけ美人には、はっきりやめた方がいいって言うことにしてたの。顔だけ美人はミス何とかコンテストだけで結構よ」

「しつけは厳しくね。うちの教室に来る子供たちは『こんにちは』『さようなら』のあいさつがきちんとできた。しかるだけではだめ。褒めてやることが一番大切」

「今の歌には興味がない。何が何だかわからないもの。コンピューターで作曲するっていうじゃない。そんなのだめよ。いずれ消えるわ。流行歌だもの。日本語も乱れてる。何とかならないかしら。美しい詩、美しい歌は心が洗われるでしょ。これからも温かい歌、幸せを感じる歌、美しい歌を歌っていく。美しいものを美しいと思い、いいものにあこがれる心を持っていただくためにね。音楽は心のためにするものよ」

〈一昨年、後世に残したいと、「故郷」「おぼろ月夜」「夏は来ぬ」「紅葉」など日本の唱歌十六曲を歌い上げたCDアルバムを出し、東京都内の全小学校に贈った〉

「唱歌や童謡は、絵でいえば基本のデッサン。色を彩らないだけに、心を込めて、丁寧に歌わなければならないの。歌手生活五十七年をかけたアルバムよ。改めて唱歌を見直していただけたら、幸せだわ」

●聞き終えて

「うたのおばさん」若さと美声いまだ健在

「うたのおばさん」から五十年――。あの笑顔、清澄な声。おばさんは健在だった。東京都千代田区紀尾井町の自宅でのインタビュー。

十二年前、六階建てのビル「マードレ・マツダ」を建てた。マードレとはイタリア語で母のこと。六階が自宅。五階には二百人収容のホールがある。「都心に手ごろな演奏会場が少ないので、できるだけ安く使っていただこうと」「歌手としての道を開いてくれた亡き母への恩返しにもなると思って」

花柄のブラウスにライトブルーのスーツ。いや、お若い。「いつだって三十代、四十代のつもりよ」とソプラノで笑った。

撮影のカメラマン（59）を「おとうさん」と呼ぶ。「だって私、マッタ・トシ（待った年齢）でしょ」と言い、またニッコニコ。「二十歳は若く見えますよ」と言うと、「ありがと。これからは六十一歳で通すわ」。

一人暮らし。左目の視力が弱くなっただけで、至って健康。今も一日に三時間はピアノを弾き、生徒に歌を教える。

「早寝、早起き。風邪をひかない。人込みの中に出ない。これがノドの健康法」「絶対にクヨクヨしない。前向きでいること。それが若さの秘けつよ」

約二時間の取材。生徒になったような温《ぬく》もりを感じた。おばさんはまだまだ若さと美声を保ち続けてゆくことだろう。

編集委員　加藤　譲

（99．5．22掲載）

現代の〝良妻賢母〟に期待

学校法人夙川学院学院長
増谷勲さん

「先日、高三の生徒全員に書かせた進路目標を、ちょうど読み終わったところです。面白いですよ。『スーパースターになりたい』なんて書いてる子もいたりしてね。『いい奥さんになって、いい子を育てたい』などと書いてたのは約五百人の生徒のうち三人ぐらい。昔はほとんどが家庭人としておさまったもんやけど、今は女の子でも自分の将来の目標や夢をちゃんと持っている。時代は確実に変化してますね」

〈明治、大正、昭和、平成と四代にわたり、百二十年近い歴史を誇る学院の理事長兼学院長。近代日本の黎明《れいめい》期にふさわしい〝良妻賢母〟の育成を目指して祖母の増谷かめさんが創立した〝裁縫塾〟が、今では幼稚園から中学・高校、短期大学まである総合学院に。その歴史はそのままわが国の女子教育の変遷を映している〉

「〝良妻賢母〟なんて、今はすっかり死語になってしまったけど、どんな時代でも、女性が〝良き妻〟であり〝良き母〟であることを願わぬ社会はありません。うちの学院でも、現在は『広い視野と自己表現力ならびに精神的自立につながる教育』を目標に掲げています。進展する国際化、情報化に対応した幅広い知識と豊かな教養を身につけ、家

ますたに・いさお

1918年10月27日神戸・御影で生まれる。三田中学卒業後、関西大学に進学。41年に卒業。翌年応召し中国北部派遣の部隊に所属。46年に復員後夙川学院事務職員として勤務。同年10月にGHQの高等女学校教諭適格審査に合格。同学院中学・高校の社会科教諭を経て、69年校長に。67年幼稚園園長。71年学院理事長、学院長に就任。現在、兵庫県私立中学高校連合会理事長、同私立学校連合会副会長を務めている。

75年教育功労者として兵庫県知事から表彰。同じく78年文部大臣から表彰を受ける。81年藍綬褒章、89年勲三等瑞宝章受章。

庭の内と外の双方において社会に貢献できる女性が現代の〝良妻賢母〟だと私は思います」

環境が人をつくる

〈教育の話になると熱がこもる。だが、初めから教育者を志していたわけではない。一九三七年冬に第一次学徒出陣で中国へ行き、帰還後、大学三年生の十二月八日、真珠湾攻撃の日から繰り上げで、卒業試験が行われることになり、二十六日が卒業式。翌四二年二月に入隊。九死に一生を得て、中国で敗戦を迎え、四六年復員。就職先もなく、戦災で焼失した学院の復興に苦労する父親を見かねて手伝ったのがこの道に入るきっかけに〉

「当時は軍人は、GHQの審査を受けないと教壇に立つことができず、その審査が済むまでの半年間は、事務職員として働いてました。平和な時代に育った今の若い人には想像もつかない青春時代ですわ。『自分を捨ててでも人のために尽くす』という処世訓を私が身につけたのも、おそらくこの戦争体験が影響していると思います。今の若い人はまず自分。自分のことしか考えていない。国という概念も平和な時代には漠然としすぎていて、その存在がわかりにくくなっているのかもしれませんね」

〈教育の道に足を踏み入れて半世紀。戦災からの復興、学制改革、校舎の建設、ベビーブームによる生徒の急増等、様々な体験を通して「環境が人をつくる」ことを実感。その考え方を学院の経営にも生かしてきた〉

「今の人に言っておきたいこと？　親がまずだらしないね。子供が悪いことをして親を呼びつけても、昔は『うちの子が悪いです』と親が謝ったもんだが、今は『先生、何いうてはりますねん。それは先生の方が悪いですわ』と子供の肩を持つ。親が子供に迎合していては、しつけはできません。子供の言うことをよく聞いて、それを親がちゃんと分別して、これはこうだよ、これはこうだと教えてやらなくては。とくに親父《おやじ》さんがバシンと言ってほしいね。

学級崩壊、過保護が原因

学級崩壊にしても、あれは決して子供が先生に反抗してるんやないと思います。このごろの子は明るく、のびのび育っている反面、反抗期がはっきりしない。原因は過保護。甘やかされすぎです。おまけに善悪のけじめがつかないまま育っているから、学級崩壊なんかが起こる」

「高校の先生は中学の教育が悪いというし、中学の先生は小学校が悪いといい、小学校の先生は幼稚園が悪いという。責任の押しつけ合いは困るけど、たしかに今の幼稚園の自由保育には問題がありますね。子供たちに好きなことをやらせておけばいいから先生は楽だけど、それだけでは子供の集中心が育たない。小学校で授業中に席を立ってうろうろしたり、トイレに勝手に行く子が多いのも、その習慣のせいでは」

〈今の教育の話から、虚弱児だったという自身の子供時代の思い出に。中学

教頭時代、秋の運動会で生徒が先生に仮装でイメージチェンジさせる競技に赤ちゃん役で出場した増谷さん（左端）＝1963年ごろ、兵庫県西宮市の夙川学院で

へ進む時、尼崎中学へ行くか三田中学へ行くか迷ったが、医師と相談の上、環境抜群の三田中学へ進み、寮生活を体験した〉

「親父は東京高等師範の図工科出身で、絵がうまかった。あの時分は親を崇拝しとったから、中学二年の時、絵画部に入ろうと思い、家にぎょうさんあった油絵の道具を一つ下さいと父に頼んだんですわ。そしたら『絵なんか描いて何になる』と反対されまして。あんた描いてるやないかと、その時、初めて親父に反抗しました。それで、内証でブラスバンド部に入って、毎日楽しくトランペットを吹いてたら、どうも寮長が告げ口したようで、突然、親父が学校にやって来て、『ばかもん、体が弱いもんがラッパ吹くなんてやめろ』としかられた。剣道を始めたのはその後です。今の時代では考えられない頑固親父でしたが、子供のことをちゃんと考えてくれてましたね」

〈女子教育の草分けとしての伝統を誇る同学院の特色は、母親も祖母も、時には曽祖《そうそ》母《ぼ》まで卒業生という生徒が多いことだ。だが、少子化が進む中、私学の経営はかつてない厳しい時代を迎えている〉

「私立には公立の学校とは違う良さがある。でも、今のように入学金や授業料が高くては、親の負担が大きすぎる。国と自治体から出る私学助成金も学校の進学率によって額が違うし、また自治体によっても差がある。兵庫県は全国で三番目に高いといわれますが、それでも親の負担は公立に比べて約五倍。私立に行かせたくても行かせられない家庭が増えている。ノック知事じゃないけど、もう少し公立の授業料を上げるなどして、親の負担の格差を小さくしてもらいたいですね」

●聞き終えて

受け継ぐ〝頑固親父〟の伝統

梅雨の晴れ間の日差しがまぶしい校庭で、制服姿の女子生徒たちに囲まれて談笑する姿は、どう見ても孫娘とおじいちゃんだ。気さくで話しやすい〝理事長先生〟は、幼稚園児から短大生まで幅広く人気を集めている。

学院のトップに立つ今でも生徒ひとりひとりの進路希望に目を通すと聞いて少し驚いた。「そうなんですよ。校長の私でさえまだ読んでないのに」と、二年前に中学、高校の校長を父親から引き継いだ長男の和人さん。頑固でいったん言い出すと聞かない一面もあるようで、「父と職員の板ばさみになって困ることもあります」と苦笑する。建学精神とともに〝頑固親父〟の伝統も先代からしっかりと受け継がれているようだ。

剣道五段。自宅の書斎には二台のパソコンを置き、毎日のスケジュールは電子手帳で管理。今一番のお気に入りは、昨年、苦労して手に入れた省エネカー。毎朝、神戸・御影の自宅から学院まで自ら運転して通勤するという、超元気な八十歳だ。

青春時代の思い出話から教育論、最後は私学助成金制度など、教育行政に対する批判も飛び出し、あっという間に約束の時間が過ぎた。

二十一世紀を迎える二〇〇一年がちょうど学院の創立百二十周年。「国際交流教育をより推進したい」と学院の新たな発展に意欲を燃やす。

編集委員　音田昌子

（99. 6. 12掲載）

命こもったものを詠め

俳人
桂信子さん

「いま、俳句ブームといわれていますが、数ばっかり増えたってしょうがないと思うのね。結社の数がやたら増えて弟子を取り合い、大きな俳句大会では投句者を増やすためにたくさんの選者を並べる結果、最大公約数的で個性のない作品がいい点をとる。いまの俳壇はどこかおかしいと思いますね。そりゃあ、大勢の人が自然の風景や花などに関心を持って、俳句を詠むことはいいことだと思いますけど、おもしろおかしく詠めばそれでいいというものではない。いま、そういう俳句がいいという風潮が広まっていますが、自然にあるそのものをうたうべきだと思います。

作品には命がこもってないとね。永遠のものがあると思うんですよ。そういうものを詠みたいし、詠むべきだと思います。このままいったらどういうことになるか、嘆かわしい気がします。繁栄の中に危ないものがあるように思えてなりません」

〈現代の俳壇を代表する実力派。おっとりした語り口の中に、「この年になったからこそ、いま言っておかねば」との思いがほとばしる。歯に衣着《きぬ》せぬ〝俳壇批判〟も、俳句を心から愛すればこその一念から。ある俳句の総合誌が新年から始めた連載「証言・昭

かつら・のぶこ

1914（大正3）11月1日大阪市内で生まれる。府立大手前高等女学校卒業後、俳句を始め、38年日野草城主宰の『旗艦』に入る。39年結婚するが、41年に夫が急逝。大阪の実家に戻り神戸経済大（現神戸大）予科図書館に勤務。45年3月の大阪大空襲で家が全焼。モンペ姿で持ち出した句稿をもとに49年第1句集『月光抄』を出版。戦後、近鉄車両に就職。70年に『草苑』を創刊・主宰。これまでに計9冊の句集を刊行。

77年第1回現代俳句女流賞、81年大阪府文化芸術功労賞、90年大阪市市民文化功労賞、92年第26回蛇笏賞、99年現代俳句協会大賞を受賞。

和の俳句」では一回目に登場。「今流行の〝ハイク〟と本当の俳句は違う」と、感覚的な句で最近人気を集める若手の女性俳人の名をあげて批判的な発言をし、大きな波紋を巻き起こした〉

「えらいたたかれてますねんわ。『女が女の足を引っ張るのか』なんて。ええ、そんなことというのは大体男の人ですけどね。私は別にそれが悪いと言うたわけやなくて、それもよろしいけど、それとこっちのと一緒にされては困りますと言うただけやのに。私はいまの俳壇がもっと縮小して、ハイクというものと本当の俳句と分かれたらいいと思うのね。一応、私たちは本当の俳句を守る責任があり、次の世代へしっかりと渡さなければならないと思っていますので、そういう人たちを『草苑』で大切に育ててゆくつもりです」

清新な作風で独自の世界

〈女学校卒業後、『文芸春秋』で日野草城の「ミヤコホテル」の批評を読み、その中に出ていた《枕辺の春の灯は妻が消しぬ》の句を見て、あ、いいな、俳句ってこんなことも詠めるんだと思ったのが、本格的に俳句を始めるきっかけに。〝新興俳句の旗手〟と呼ばれた師のモダンで清新な作風にひかれ、影響を受けながら、次第に独自の世界を開拓してゆく〉

「そのころの句会には女はほとんどいませんでした。俳句は男がするものと思われていて、女学校の国語の授業でも、短歌は習いましたけど、俳句を教わった記憶はありません。女には、三十一文字で綿々と感情を訴える短歌の方が向いていると思われていたのでしょう。私も一時、短歌にひかれた時期がありますが、私には短歌はどうも息が長すぎた。もっと短い言葉で表現する俳句の方が性に合っていたのです」

〈二十五歳で結婚し、二年足らずで夫と死別。《ひとづまにゑんどうやはらかく煮えぬ》《ゆるやかに着てひとと逢ふ螢の夜》など、女の情感があふれる作品に、男性俳人たちの反応は冷ややかだった。とくに第二句集『女身』については、《ふところに乳房ある憂さ梅雨ながき》《衣をぬぎし闇のあなたにあやめ咲く》などの作品が「女を売り物にしている」「社会性がない」と酷評された〉

「私の作風がいかんいうて、えらいたたかれましてん。桂信子は男ができたんかとまで言われまして。『女身』を出したのは昭和三十年。世の中が少し落ち着いてくると、満ち足りた昔の日々が思い出され、ふと気がついてみると自分はひとりだった。そんな心境で、詠まずにはいられなかった思いを昇華させた句集でしたが、あのころは、猫も杓子《しゃくし》も社会性、社会性というて、社会性がなければ俳句でないといった風潮が強く、孤立無援でした。でも、私は詠みたいものを詠むのが第一義と思ってましたから、黙って嵐《あらし》が過ぎ去るのを待ちました。結局、十年かかりましたけどね」

原因のない結果はない

〈『女人短歌』に対抗して、数少ない女性俳人たちが、結社を超えたネットワーク『女性俳句』を発足させたのが五四年。東京の殿村菟絲子らの呼びかけに応じ

戦後、箕面の家に引っ越して間もないころ、カキの木のある自宅の庭で。空襲で戦前の写真はすべて焼けてしまい、手元にある中でもっとも古い写真である（1951年）

て、関西からただ一人の発起人に名を連ねた。集まった会員は約百人。以来、今年三月に解散するまで、四十五年間、年一、二回の会合と俳誌の発行を続けてきた〉

「俳句は作るものじゃなくて、さずかるものだと思います。私の場合、どこからかヒューッと飛んでくるという感じですね。胸のうちにもやもやしているものがたかまって、ある一瞬、言葉がひらめく。その情景は、ずっと昔にどこかで見た景色だったり、心の端に浮かんだことだったり。大事なのは、その飛んでくるものを感知する受け皿があるかどうかです」

「好きな言葉は『原因のない結果はない』。仏教の『因果応報』に似ているけど、こっちの方が明るくさっぱりしてるでしょう。私はいわゆる教訓というのはあまり信用しない質《たち》ですが、この言葉だけは真実だと思うの。この世の中のすべてのことは、原因があって結果がある。その当たり前のことを今は忘れている人が多い。

自然の法則は冷厳極まりなく、すべてに原因と結果をつくり出します。現在、自分が生きていることの不思議さ、そしてその自分を取り巻いているすべてのものの〝在る〟ことの不思議さを思うと『自然を克服する』などと言うこと自体、とんでもないことなのだとよくわかります。この言葉を子供たちにぜひ教えてほしいですね」

〈〝自分流〟の俳句を貫いて六十年余。好きな句は？と尋ねると、しばし考えてあげたのが三年前に出した『花影』に収められた《冬滝の真上日のあと月通る》と、近作の《いつの世も朧の中に水の音》。「このように永遠に変わらないものを、これからも詠み続けたい」と語る。天地の不変の運行と人間のささやかな営みを見据える透徹した視線に作者の年輪がうかがえる〉

●聞き終えて

快適にホテル住まい、健康管理も自分流

黒いプリーツのパンタロンでさっそうと現れた。三宅一生のブランドと聞いてうれしくなる。その幅広いすそを風になびかせながら、すたすたと速足で街を行く。「忙しく飛び回っていた〝ＯＬ時代〟の習慣が抜けなくて」と少し照れながら。

今年一月、女性で初めて「現代俳句協会大賞」を受賞した。何度も候補に挙がりながら、昨年まで協会の副会長として選ぶ側にいたため、「選考委員がもらうわけにはいかない」とそのたびに固辞。「じゃあ、委員をおりて受賞したら」と言われると、「おりる理由がない」。まじめで筋の通らぬことは大キライ。いかにも桂さんらしいエピソードだ。

撮影は生家に近い、天神橋の下の中州になった公園で。空襲で家を焼かれた時に、一夜を明かした思い出の場所なのだとか。昔と変わらぬ川の流れを前にしばし感慨にふける。

一人暮らしを続けてきた箕面市の自宅が阪神大震災で被害を受け、二年前に大阪市内のホテルに〝移住〟した。本の整理中にころんでけがをしたのがきっかけで、「病院に入るかホテルに行くかの決断を迫られ、ホテルを選んだのが正解でした」と、便利で快適な都会生活を楽しんでいる。朝はオートミールにコーヒー二杯と卵二個。夜は缶ビール一本を欠かさない。「健康の秘けつは好きなものを食べること」と、ここでも〝自分流〟を貫いている。

編集委員　音田昌子

（99．６．26掲載）

スポーツは楽しまなきゃ

日本野球連盟会長
山本英一郎さん

「今のアナウンサーはだめっ。テレビは絵が映ってんだから、しゃべり過ぎたらいかん。見てる人を無視して自分の知識を振りかぶり、自分の主観でしゃべっといて解説者に相槌《あいづち》打たすでしょ。素人のくせに何をぬかすと思ってね。半端な勉強したかも知れんけど。コメンテーターじゃないんだよ。ありのままをね、しゃべればいい」

〈一九六三年の選抜の準決勝、早実―北海戦。九回裏、北海の吉沢が右中間に逆転サヨナラ・ランニング2点本塁打を放つ。解説の山本さんは、吉沢が二塁を回った辺りで、「ホーム、ホーム」と叫んだ〉

「解説者が言っちゃいけないんだがね。子供たちを元気づけなきゃ。弱い地域には特に。それがおれの根底にあるな。強くても、生意気なプレーには厳しく言う」

弱い地域元気づけたい

「この春の沖縄尚学、テレビの前で勝てよと祈ってた。水戸商には悪かったけど。占

やまもと・えいいちろう
1919年（大正8）5月12日、岡山県加茂町生まれ。台湾の台北一中時代、投手と外野手で甲子園に2度出場。慶応大では外野手。42年（昭和17）に卒業、海軍へ。大尉で終戦。46年、鐘紡入社。51年から東京六大学、52年から高校野球、都市対抗の審判。53年からNHKのアマ野球解説者。64年に審判を退き、アマ野球育成に尽力。優れた国際感覚、実行力を生かし、野球を五輪の正式競技にした立役者。97年（平成9）、野球殿堂入り。現在は日本野球連盟、全日本アマチュア野球連盟、アジア野球連盟の各会長、国際野球連盟副会長。光永実業（空調関係）社長。

領下にあったうえ、基地となって大変。沖縄の人に何か活力をと。自分が海軍で行ってただけにね。仲間があそこで何人も死んでる。若い男女が洞窟《どうくつ》にこもったり、自決したり。戦後、佐伯達夫さん（元高野連会長、故人）がね、『沖縄の野球を君が行って指導してくれ』と。で、僕が行ったんだ。沖縄の優勝、感慨深かったなあ。沖縄でも北海道でも、内地にコンプレックスを持ってる。政治でも経済でも。対等の気分になるにはスポーツしかない。それを沖縄がなし遂げたから、うれしかったなあ」

〈春夏とも北海道、東北勢の甲子園優勝はまだない。「惜しかったねぇ」は、太田幸司のいた三沢（青森）。六九年夏の松山商との決勝、延長十八回引き分けの名勝負と翌日の再試合も山本さんが解説した〉

「すごかったのは尾崎。浪商の。六一年の夏に優勝したでしょ。準決勝で夏・春・夏三連覇のかかった法政二の柴田を延長で破って。あの時、僕が球審だよ。面白いのは、浪商の試合は必ず僕。春だろうが、夏だろうが、全試合。浪商は関西のやんちゃ小僧の集まり。ファンも熱烈。他のアンパイアじゃ文句が出る。もめるから、東京の山本にやらせりゃいいと。速いっ、スゴイッ、て感じの球は、戦前では沢村が一番。戦後では尾崎。江川や池永もいるけど」

「高校野球はもっと門戸を開けるべし。スパイクは白がだめとかね。在日の外国人の問題。女子マネジャーのベンチ入りもそうだった。規制し過ぎ。今の日本の政治と同じだな。だいぶ直ったけどね。決め事をなるべく少なく。たかが野球じゃないの」

〈材木業の父が台湾の山林の払い下げを受け、移住。小学四年で野球を始める〉

「本当は前の年の十一月生まれ。親父《おやじ》が半年遅れで出生届を出した。体が弱かったたんだね。野球をやって丈夫になった。僕が国際性を身につけてるのは、外から日本を見てたからだろうな。甲子園も船で来た。海軍に入ったのは、とことこ歩いて弾に当たって死ぬのがいやだったから。どうせ死ぬならドカーンと。それで船に乗ろうと。でも、死ななかった。ラバウルを最後の潜水艦で引き揚げた。サイパンへの転属待機中に現地が玉砕。沖縄から帰ると、米軍が上陸。終戦は特攻の鹿屋航空隊で迎えた。生かされたんじゃないかという気がするねぇ。人間てのはね、生きている間は努力して、毎日を楽しく元気で過ごせと。精いっぱいね。死ぬ時がきたら死ぬ。おれの哲学だ。生かされた命、野球のために使いたい」

「七二年、初めて日本代表チームを連れてニカラグアの世界選手権に行った。そこでキューバを知った。アメリカ以外にすごい野球をやる国がある。それで翌年、単身キューバに潜り込んだんだ。おれも度胸よかったなあ。何のつてもなくね。でも、英語が通じない。中南米の人たちと付き合うには、スペイン語を覚えなきゃだめだと。それから一年半、ＮＨＫの講座で独学よ。あとは現地で実践あるのみ。通訳を介すとだめ。目と目を合わせて話し合う。心が理解できる。コミュニケーションだな」

〈山本さんらの努力で九二年のバルセロナ五輪から野球が正式競技に。当時、国際野球連盟の加盟国は四十五だったが、今は百八。キューバとニカラグアからスポーツ功労章を受け、両国の野球殿堂入り〉

「世界中に野球を広げたい。サッカーは百七十国だろ。百四十国にはしたい。野球は用具に金がかかる。これが普及の難点。日本やアメリカ

海軍中尉時代、同少尉の弟・英雄さん（右）と（1944年9月、霞ヶ浦航空隊で）。英雄さんは翌月のレイテ沖海戦で死亡

が発展途上国に手を差し伸べて、用具や指導書を与え、コーチを派遣する。そこまでしなきゃだめ。野球の面白さを味わわせてあげたい。応援しなきゃ」

アマとプロは協調を

「シドニー五輪からプロ選手が参加できる。日の丸をつけ、国を代表して戦うのがオリンピック。まずはアジア予選（九月・ソウル）に勝つこと。プロの力を借りてもね。シーズン中だから、一球団一人。公平にね。ポジションで重複しないように。松坂、古田のバッテリーを貸してほしいね」

「アマとプロはもっと仲良く、協調することだな。今年初めてアマがプロのキャンプに参加した。アマは教えを請うのに、えらそうにアマチュアリズムを言っちゃいけない。プロはアマからやがて選手を取るんだから。大事に育てなきゃ。共存共栄よ」

「子供の野球人口がサッカーに抜かれたため、六年前に底辺の掘り起こしを始めたんだ。去年、野球が上になった。スポーツは楽しくなくちゃね。それが原点だ。少年野球や甲子園が間違ってたのは、きつく鍛える。伸びる素質がつぶれて不幸だよ。親子のキャッチボールも大事。心のコミュニケーションだな。女子野球も盛んにしたいねぇ。企業には休廃部とか厳しい時代だけど、最後はクラブチームとして、応分の負担で根っこの地域のチームになればいい」

●聞き終えて

五輪へ向け、あふれるバイタリティー

歯に衣着《きぬ》せぬ物言い、その行動力。「アマ野球界のドン」といわれる。私には甲子園の解説が印象的だ。冷静でいながら、判官びいきで、その人間味と野球への情熱が好きだった。

　解説は、テレビ放送が始まった昭和二十八年から三十四年間続けた。やめて十三年もたつのに、NHKには毎年、「なぜ出ない」「死んだのか」との問い合わせが何件もあるという。

　皇居のお堀端、日本野球連盟会長室での取材。全日本チームが使用するロゴマーク入りのシャツを着てPRする。あふれるバイタリティーを感じた。

　年に約十回、百日ほど世界を駆け回っている。壁の白板に七月・アメリカ、八月・高雄（台湾）、九月・ソウル、十一月・シドニーと予定がびっしり。

　ウイスキーか焼酎《しょうちゅう》のオンザロックを日に五、六杯やる。愛煙家でもあり、キューバの選手らは来日すると、葉巻を持ってくる。昨年末、肺炎で入院した。「お屠蘇《とそ》のない正月なんて」と病室で飲んだ。医者に「酒とたばこをやめろっ」と怒られた。

　「冗談じゃねえや。あと二年くらいしか生きられないんだから、好きなようにやらせろ。来年のシドニーへは這《は》ってでも行く。あとは若い者にまかす」

　五輪へ向け、「気力」を強調した。アマ・プロの連帯で、何とかメダルを贈ってあげたい。

編集委員　加藤　譲

（99．7．10掲載）

すべての動植物に存在意義

財団法人日本自然保護協会会長

沼田眞さん

「個々の動植物は地球上に存在する理由があって存在しているわけです。すべての動物や植物に存在の意義があるという観点ですからね。その根拠を明らかにしないといけない。私が政府代表顧問として参加した一九七二年の人間環境会議から、さらに九二年のリオデジャネイロの地球サミットでは、開発途上国から熱帯林にはいっさい手をつけてはいけない、そこにそういう草木が生えていることが貴重なんであって、あるがままに保護しなくちゃいけないと主張された。アメリカは木を切って放牧に利用しようとしたのにできないのか、それじゃやめたと、ブッシュ大統領は生物多様性条約にサインしないで帰っちゃった。考え方に基本的な対立が根底にあるわけです。一つ一つ解決していかないとね。ジャーナリズムががんばらなきゃならないですよ」

〈会長を務める日本自然保護協会は、戦後間もなく尾瀬が原電源開発問題をきっかけに起こった運動が発展して、一九五一年に発足した。今も、愛知万博、吉野川可動堰《ぜき》、東京湾の浅瀬・三番瀬の埋め立て問題などで、自然を守るため発言を続けている。なぜ守らなければならないか、その根拠を示すことが大切なのだ〉

ぬまた・まこと

1917年（大正6）11月27日茨城県土浦市で生まれる。42年東京文理大（筑波大の前身）卒業。51年新制千葉大学発足に伴い助教授、64年教授に。76年から4年間理学部長。83年名誉教授。淑徳大教授のあと、千葉県立中央博物館長、現在は名誉館長。60年代から草地調査のためネパールへ5回、ブータンへ3回、パキスタン北部へ3回遠征。

88年生態学者に贈られる日本学士院エディンバラ公賞第1回受賞者。先月、国連環境計画が環境保全に功績のある個人や団体に贈る「グローバル500賞」受賞。著書は「自然保護という思想」（岩波新書）など。

「リオの会議で、強く主張されたのは持続性です。保護や利用という場合にも、持続性という考えがくっつかないと、ある期間利用して終わるのでは困ると言われるようになったんです。リオの二十年前に人間環境会議がストックホルムであったときに自然保護上重要な五つの問題のうちの一つが、『環境と開発』と言われた。それが二十年後になると、開発にだんだん力点が置かれるようになり、全体としては環境に対する考え方が弱くなり、リオの会議の名称になってしまった。日本の中でも開発に力が注がれるようになり、リゾート地域が各地で指定された。その勢いも、日本が経済的に苦境に立つようになってから弱くなり、リゾート地域の開発が弱まって大変よかったと思います」

一貫性必要な保護・利用

〈絶滅にひんしているトキの保存のため中国からつがいを譲り受けて繁殖を試みる一方で、ゴルフ場に入ったヒグマを撃ち殺すようなことをやっている。野生の動植物と付き合うには、一貫した方針が必要だ〉

「千葉県にはニホンザルが七千頭、シカが千八百頭、イノシシは絶滅したはずなんだけど、猟師が放したらしく、人為の加わったものを含め大型の動物がかなり増えている。そういう動物と人間がどう付き合うかの、はっきりした方針がない。私は自然保護基礎研究所が必要だと思うんですね。そこで大型の動物と付き合うのはどうしたらいいかを基礎的に研究する。ニホンザルは生息地が国の天然記念物なんですよ。生息地を出たものは撃てるけれども、入っているものは撃てない。ニホンカモシカが害獣だからオオカミを移入しようとか、場当たり的に案を出していたんじゃしようがない。手を出さないのか、撃つからには撃つ根拠がきちっとしていないと。ある地域の生態系の中に人間も含まれ、一緒に生活しているわけですから、じゃまなものは殺しちゃっていいかどうか。自然保護の基礎的な立場を確立して、次の時代に引き継ぐことでないといけない」

〈人間も生態系の一員という考え方だ。人間は自然を利用して生きており、狭い意味の自然保護（プロテクション）から、保護と利用（コンサベーション）へ流れは移ってきている〉

「生態系という場合、要素として動物も植物もみな入っています。簡単に言えば個々の植物、あるいは植物の群落とか、植物や動物の群集とかでなくて、人間を含めた生態系としてとらえる広い観点が必要なわけです。保護と利用の考えも、そのような観点から出るわけで、私はこの流れを肯定しています」

〈東京文理大の学生のころ、植物生態学の理論を作り上げたいと考えたが、そこの辺に生えている普通の植物がわからない。そこで独力で植物分類学を研究した牧野富太郎先生に教わろうと、自宅を訪ねた〉

「どなられました。わしゃ大学生が大嫌いだって。東大の講師をしておられましたけれど、冷遇されていて大学には好感を持っていなかったんでしょうね。大学には偉い先生がいっぱいいるだろう。なんでおれのところに来るんだと追い返されました。三回ほど行きましたかね。そしたら、お前は熱心なようだから特別に弟子にしてやろうと。そこには植物マニアのような人が何人も取り巻きでおり、非常に該博な知識を持っていて、しかも生物を商売にしている植物

千葉大ヒマラヤ遠征隊に参加、ネパールの草地研究を行った。現地の人たちと沼田さん（右、1963年5月）

学者ではないんです。牧野植物同好会と言って一般の人の指導にも当たっていた。あしたの朝三時新宿発の汽車で出発と、引っ張り出され、行くと、取り巻きの人たちが、新入りの私をいじめるわけです。先っぽの花のところと、別の植物の葉っぱを一緒に持って、これ何だ、という」

台湾旅行が原点

〈夢中になって植物採集を続けたが、先生の後について習うだけじゃだめだ、自分で新天地を開拓したいと思い、沖縄から台湾まで一人で三か月近く歩いて調査した〉

「駅弁食べるのを節約してバナナを食べたりして、日本一の山だった新高山も登った。台湾の一番南まで行き、東京近郊の植物だけでなくて、南の方へ行くとどうだということが理解されるようになり、植物界に目が開けたわけです。当時は、大学の配属将校の許可がないと、どこにも出かけられないような状況でしたが、帰って配属将校のところへあいさつに行ったら、お前は連絡してよこしたからよろしい。少し欠席していたが大目にみてやろう、とね。にらまれると戦地に送られるといううわさがありました。はっはっは」

〈行動的で、実証的な沼田生態学の原点は、この台湾旅行にあった。戦後、応召から大学に帰り、海岸植生、竹林や草地の生態学に取り組み、調査のフィールドはネパールヒマラヤに及んでいる〉

生態学者育てた子供時代の沼、雑木林

沼田さんが長年務めた千葉大学のキャンパス近くにある千葉県立中央博物館。沼田さんの提言で、広い敷地は生態園になっている。学位論文にもなった房総半島の海岸植生をはじめ、北房総のアカマツ林、草原、湿原など千葉県の自然が再現されている。都心とは思えない静かな園の雑草に腰を下ろしてインタビューした。そのときは気づかなかったが、あとでテープを聞いてみると、絶え間無い野鳥のさえずりが録音されていた。

　個々の植物種の分布状態を調べ、どの種が絶滅の危機にあるかを網羅した「レッドデータブック（ＲＤＢ）」や、植物群落のＲＤＢを日本自然保護協会が作っている。みんなが納得できるような保護の根拠を示そうという、沼田さんの思いが読み取れる。自然の「賢明な利用」という考えに理解を示しながら「それぞれの動植物には地球上に存在する理由がある」と話し、利用価値だけから生物を見るべきではないと訴えられた。

　「なぜ生態学者に」の問いに「小学校入学前、浦和の自宅の近くにあった沼と雑木林に毎日のように出かけて石や植物を集めていた。大学の生物学科に入ったのもその続き」と、しごくあっさりしている。水戸の連隊で教育隊を受けもったとき、新兵を集めて植物採集したという根っからの植物好きである。

科学部長　松本　弘

（99．7．24掲載）

愛を持ってしかりほめる

大阪教育大学名誉教授
鳥越憲三郎さん

〈五十四回目の終戦記念日が巡って来る。毎年、正午から全国戦没者追悼式がテレビで中継され始めるたびに、あの沖縄での日々、人々の相貌《そうぼう》が心をよぎる〉

「那覇の港を後にしたのは、終戦前年の七月でした。戦況が悪化し、鹿児島行きの船は月に一回くらい。二日間の航程を一週間も十日間もかかってました。周囲には数隻の貨物船を配し、さらにその外を駆逐艦が護衛するんですが、それでも三回に一回は敵の潜水艦の魚雷にやられていました。万一の時、妻は生まれて二か月の長男を、私は三歳の長女を、それぞれ背負って海に飛び込もうと打ち合わせ、扱《しご》き帯を常に傍らに置いて寝ました。夜間は男の乗客が交代で見張りに立ちました。サイパン島陥落のニュースが報じられたのは奄美大島に着く前夜です。魚雷を避けるためジグザグ航行しながら、何とか一週間後、鹿児島湾にたどり着いたのです。

沖縄での仕事はやりかけで、家族を送り届けたらすぐに戻るつもりでした。調査に協力してもらった島の人たちにあいさつもしていません。その多くの方が亡くなりました。とくに私のように他府県から赴任していた県や学校の職員は皆戦死しました」

とりごえ・けんざぶろう

1914年（大正3）2月8日、現在の岡山県笠岡市に生まれる。旧制台北第一中学から関西学院大学予科を経て同大学法文学部を卒業。42年沖縄県に渡島、県嘱託。50年から大阪学芸（現教育）大学へ。79年定年退官。宗教学から文化人類学・民俗学に進み、古代史も研究。在職中から国内の遺跡発掘・民俗調査をはじめ、タイや中国雲南省の少数民族学術調査を率いる。40冊を超す著作のテーマも琉球から古代の大和・出雲・吉備・伊勢、神話、古事記、倭族、大嘗祭、雲南にまで及ぶ。今も会長を務める日本生活文化史学会の例会などで東京へも気軽に出かける。

〈関西学院大学で宗教学を修めた。そこでアメリカ人の恩師サミュエル・M・ヒルバーン教授から「世界的に貴重な所だ」と勧められ渡った戦時中の沖縄には、琉球国のはるか以前からの御嶽《うたき》信仰、女性神職・ノロクモイ、それに仕える巫女《みこ》を選ぶ「イザイホウ神事」が伝えられていた。調査成果は後の学位論文「琉球宗教史の研究」、中世から伝わる宗教的な詩歌「おもろさうし（神歌草紙）」の全釈に結実する〉

個人主義の大前提欠落

「引き揚げた数日後、もう沖縄から本土へ渡れなくなってしまい、残っていたら私も確実に死んでいました。間もなくセレベス島の海軍研究所の文化人類学担当に命ぜられたものの戦況不利で待機となり、お陰で召集を免れました。出征した友人たちは広島に配属され原爆で亡くなりました。

まるで絹糸の上を渡るようにして生き延びられたのも、困難な沖縄での調査をやり遂げられたのも多くの人から頂いた〝愛〟のお陰に違いないと思っています。それは神の導きかも知れません。状況は違いますが、戦後ずっと大学などで若い人たちと接してきて、彼らがそのような愛を感じられなくなってきているのではと思えるんです。それは時代の流れによるものかも知れませんが、とくに七〇年前後の大学紛争を境にその傾向が強まってきたようです」

「当時、学生に、今の体制を否定するのもいい、でもその後、どんな社会にするのかと尋ねてみたのですが、彼らは答えられないのです。人間として責任を持って何をすべきかわからないから理想も持てない。なぜだろうかと考えてみて、彼らはしつけらしいしつけをされないまま放任主義で育てられ、自分をしっかり見つめられないからではないかと思い当たりました。その状態は、時間を管理され育てられているような今の子供たちにも続いているのです。

家庭でも学校でも、しつけとは無縁の放任主義のもとで過ごしてきた結果、個人主義を利己主義と履き違えた若者が非常に多くなってしまいました。欧米の個人主義は本来、愛国心に満ち、相手に愛を与え、その代わり自分も認めてもらうという思想に基づくものです。ところが、戦後の日本に入ってきた個人主義には、その大前提が欠落しています。それは家庭でも、親が子供のしつけを出来なくなっている結果です。腹を立ててしかるのはしつけではない。子供の反発を招くだけです。愛を持ってしかり、良い時は愛を持ってほめる、そこから理想を抱ける子供が育つと思います。学校の教師ももっと人間的な立場から愛を持ち相手の人格に訴える心を持つことです」

〈責任を持って自分の理想を実現しようという訴えは、独自の研究で古代史学界に挑戦し続けてきた姿に端的に示される。弥生時代の竪穴住居は在来縄文人の子孫によるもので渡来弥生人の住居は高床式とする説、邪馬台国は北部九州から大和に移った物部一族が築いた王統で、大和西部の葛城に大和朝廷に先行する「葛城王朝」が存在したと見る説、古事記は日本書紀の約百年後に創作された「偽書」と言う説などだ〉

おおらかさなぜない

開館に奔走した大阪府・服部緑地の日本民家集落博物館で当時の皇太子ご夫妻を案内した。右が鳥越さん（1962年4月）

「これまで日本の古代史はイコール文献史でした。ところが、古代になればなるほど箸《はし》の上げ下ろしまで宗教に絡んでます。私はその宗教学から古代人の心を探り、文献史と合わせて新しい説を提示しているんです。ただ、理系の研究成果は数字などできっちり証明でき学界を納得させることができますが、文系の成果はみんなを認めさせるのに二十年、三十年かかるんです。というのは、この学界にはいまだに学閥・師弟関係による学問の私物化がまかり通っていてなかなか改革されません。相手の説を検討し、互いに議論し合う心のおおらかさがなぜないのでしょうか。この調子だと私の考え方が認められるようになるのは私が死んでからかもしれません」

〈大胆な独創性、ユニークさで知られ、定説を重んじる学界で常に反響を巻き起こす〝鳥越史学〟は、それゆえにアマチュアの古代史ファンに根強い人気を持つ。そんな応援団に支えられ、今も現役として新説を唱え続ける姿勢は驚くほど若々しい〉

「私の考え方が学問的な帰納法でなく、直観に頼り結論を導く演繹《えんえき》法だと批判されます。だけど、そんな演繹法の発想は、自然と同化し永遠と合致した時にこそ起こるのです。真理は自然・永遠の中にあるのだから、自然と同化し永遠と合致するためには人間という有限の〝我〟を捨てた心、つまり祈りの状態において可能なのです。これからもそんな思いで生きたいですね」

年齢感じさせせない健筆、今後はゆっくり

「書斎で（応対を）と思ったのですが、執筆中の資料に埋もれていて」と居間に通された。中央公論新社から新書判の「古代中国と倭族――黄河・長江文明の検証」（仮題）の刊行が間もなくというのに、もう次の著作の原稿が佳境に入っている。年齢を感じさせない健筆ぶり。「これまでの魏志倭人伝だけでは解き明かせなかった邪馬台国をまとめてるのですが、まあ楽しみにしていて下さい」。

二十年前に大学を定年退官する際、取材に訪れたテレビ記者に「これからは悠々自適ですね」と言われ「とんでもない。あと二十冊は書かないと」と反発した。「いま書いてるのが十八冊目。あと二冊で死なんといかんから今後はゆっくり書こうと思ってます」。

自身の本より気になるのは、先月末に自費出版した妻すみこさん（82）の三冊目の随筆集「季語つれづれ」のこと。共通の趣味の俳句は、二人とも「馬酔木《あしび》」と「橡《とち》」の同人。妻が句誌などに書きためた文章の整理・割り付け・編集を、すべて夫が引き受けた。妻は、はしがきに「配偶者と季語たちとは半世紀以上の付き合い。この両輪に支えられて、私の余生は明るく幸せであろうと思う」と書いた。夫の方を支える「両輪」は、俳句仲間の配偶者と、もう一つ、既成の固定観念に終始する学界への反骨精神だろうか。

解説委員　坪井恒彦

（99．8．14掲載）

どこでも必要とされる人に

税理士
福森寿子さん

〈女性税理士の草分け的存在。独立して大阪で事務所を構えたのが昭和三十年。仕事を持つ女性はまだ少なく、〝職業婦人〟と呼ばれていた時代。「どうせ三年のうちにつぶれるやろう」と陰口をたたかれながら、「人の三倍働こう」をモットーに、地道な努力で道を切りひらいてきた〉

「女性の税理士はまだ珍しく、新しい顧客を開拓するのに苦労しました。昭和二十四年にいわゆるシャウプ勧告案が出され、日本の税制にも改革のきざしが見え始めましたけど、私が独立したころでもまだまだ推計課税が柱で、政治的かけひきで税額が決まっていました。税理士にもその腕が求められ、女性では頼りないと思う人も多かったようです。でも、私の場合、逆に女性であるために珍しがられて得をしたこともあります。少しでも顧客のためになるようにと、折衝のことを考えて夜も眠れない日が続きました。税法や通達を何度も読み直して、突破口を探したものです」

ふくもり・としこ

1918年（大正7）7月20日三重県名張市で生まれる。県立名張高等女学校を卒業後、大阪専修簿記学校に入学。卒業後、商社勤務を経て、河原長三郎氏の事務所に勤務。52年に税理士登録。55年独立して福森寿子経理事務所（現福森寿子税理士事務所）を開設。57年全国婦人税理士連盟を結成。そのリーダー役を務め2代目会長に就任。80年国際経営コンサルタントに登録。現在も全国婦人税理士連盟の相談役のほか近畿税理士会東支部相談役、大阪府商工会議所婦人会参与、I・C・G（国際経営コンサルタントグループ）監事など多くの役職を務める。

女医への夢を断念

〈本当は女医になりたかったのだという。だが、村一番の旧家だった実家の父親が知人の借金の請け判をしたのがもとで、全財産をなくし、一家は大阪に移住。五人きょうだいの長女だった福森さんも女医への夢をあきらめ、大阪専修簿記学校に入学したのがこの道に進むきっかけに〉

「当時の簿記には、商業簿記、会社簿記、銀行簿記、それに質屋簿記とか鉄道簿記などというのもあって、今の専門学校よりずっと難しかったですね。結局、十人ほどいた女子学生の中で、卒業できたのは私一人だけでした。専修学校を卒業後、商社に就職。当時の月給は男の人が七十円、女性は三十円ぐらいでしたが、簿記の出来る人が少なかったために重宝がられ、三年目から男性並みのお給料をもらえるようになりました。そのうち、会社の税務顧問をしていた河原長三郎先生から『うちの会計事務所へ来ないか』と誘われまして。運命ですよねえ。入所してしばらくしたころ、戦時立法による税務代理士法が制定され、やがて敗戦を迎えました」

女性税理士の連盟結成

〈恩師の河原氏が亡くなったのをきっかけに独立。事務所が軌道にのると、女性税理士のネットワークをつくろうと、全国婦人税理士連盟の結成に全国を走り回る〉

「その時の有資格者は全国で四十七人。昭和三十三年八月に箱根で開かれた創立総会に参加してくれた人は十七人で、中には乳飲み子を抱えた人もいました。創立の時のメンバーの集まりである『一期会』は今も続いています。あのころの思い出では、女性の税理士というのがどんな服装をしていいのかわからず、男仕立ての背広にネクタイをしめ、大きなかばんを抱えたり、黒いスーツに白いブラウスなど、お堅い〝職業婦人スタイル〟の人が多くて、今思い出してもおかしくなりますね」

〈昭和四十年代には同連盟の二代目会長として、税制面から女性の地位向上をはかろうと、研究会やアンケートなどを実施。税制改革へ向けての提言や民法改正を求める要望書を出すなど、活発な活動を展開。連盟の名を全国に広めた〉

「税制面で〝妻の座〟を向上させる手段として、私たちが提言したのは『二分二乗法』。夫婦の財産を合わせて均等に二分したものをそれぞれの所得として税額を算出し、それを合算するというシステムで、妻に所得のない場合でも、その〝内助の功〟が評価されるという画期的な考え方がマスコミなどで取り上げられ、話題を呼びました。また、相続の問題では、私たちの努力のかいあって、妻の取り分が三分の一から半分に増えたのですが、あの時はあちこちに請願書を出したりして、大変でした。それだけに、うまくいった時は皆で抱き合って泣いて喜んだのを覚えています」

〈戦時中に青春時代をおくり、約束を交わした人を二人まで戦争で亡くした。「戦後も、好きな人がいなかったわけではないけど、仕事の方が面白くて、いつのまにかこの年になってしまって」としみじみと振り返る〉

全国婦人税理士連盟の会長をしていたころ、商法改正反対全国決起大会に参加してデモの先頭に立つ福森さん（前列右端、1969年12月、東京で）

「豊かで自由な時代に生まれた今の人たちは幸せだと思います。ただ、今の若い人たちを見ていると、何というか、怠惰で無気力なのが気になりますね。昔のように天下国家を論じるような学生もおりませんし。敗戦の泥まみれから、日本人は働け働けと、勤勉、努力によって、世界有数の経済大国となりました。あの当時の情熱と意欲はどこへ行ったのでしょうか。政治の世界を見ても、昔のような気骨のある人がいない。官僚もあきませんし、政治家もダメ。今、国民のために何をしなければならないのかということよりも、自分たちの派閥のことばかり考えている。

介護保険や年金改革の問題にしても、税金や年金の先取りみたいなことは良くないと私は思いますね。今お金がないからといって、後のことも考えずに安易に集めようというやり方では、将来、非常に荷が重くなる可能性がある。赤字国債を発行してるようなもんですからね。何か先の見通しがないまま、行き当たりばったりでやってるように見えてなりません」

〈『随所に人となれ』。若いころに何かの本で読んだこの言葉が好きで、座右の銘にしているという。どこへ行っても、どんな場所でも必要とされるような人間になりたいと願い、その通りの人生を歩んできた。『和顔愛語』も好きな言葉のひとつ。結婚式で若い人に贈る言葉としてよく使うが、「これは私自身の自戒でもありまして」と文字通りの〝和顔〟でほほえんだ〉

●聞き終えて

厳しく優しい　現役所長は正義の人

昔の船場にあたる大阪の中心部。高層ビルが立ち並ぶ通りの裏にある事務所は古びた木造の二階建て。八十歳を超えた今も、現役の所長をつとめる福森さんは、気さくで気っぷのいい親分肌タイプ。現在、顧問をつとめる会社は百十社ほど。「今でもお客さんの電話番号を二百はそらで言えます」と胸をはる。

かつて、顧問先の会社の土地の真ん中の部分だけが収用地となり、周囲の土地は使いものにならなくなったのに、高い税金を払わねばならないことに腹を立て、国税局を相手に闘ったことがある。「あのころ（昭和五十年代）で一億円近かった税金をゼロにしたんですからそりゃあ感謝されましてね」とにっこり。

不況で苦しむ顧客には顧問料をまけてあげることも。弱きを助け、強きをくじく正義の人。「厳しいけど、芯《しん》は優しい人」と周囲から慕われている。

趣味も多彩で、仕事上のつきあいで始めたマージャン、ゴルフをはじめ、長唄・三味線のほか、囲碁は初段の腕前とか。撮影は大阪駅前ビルの中にある囲碁クラブで、仕事の合間に一局打つ〝忙中閑〟のひとときを。モットーとしている「よく働き、よく遊び、よく学べ」を地で行く生活だ。米寿を迎える年が事務所の創立五十周年にあたる。「今からワクワクしています」とまだまだ元気いっぱいだ。

編集委員　音田昌子

（99．8．28掲載）

正義はかっこいいものじゃない

漫画家 **やなせたかし**さん

〈おなじみの「アンパンマン」。絵本が三千六百万部。ビデオが三百万本以上。グッズなど、どれだけ売れているか本人にも見当がつかないという。昭和四十三年、童話集の一編として生まれた。同四十八年に絵本に、同六十三年にはテレビアニメ化〉

「アンパンマンみたいなキャラクターの代表作ができるということは、漫画家として幸せですね。望んでもできないですよ。僕だってアンパンマン以外にも随分描《か》いてるんだけど、なかなか売り出せなかった」

「アンパンマンは大人のメルヘンだったんですよ。最初のアンパンマンは、戦争で飢えた子供のいる国へあんパンを配りに行くんだけど、国境を侵犯したため高射砲で撃ち落とされてしまう。ボロボロのマントを着てヨタヨタ飛ぶ、腹の出た丸い顔のあんパン屋のおじさんでした。見た目もかっこ悪く、編集者から『こんなの描かないでくれ』と言われた。でも、正義とは決してかっこいいものじゃない。正義を行うことは自分も傷つくこと。それでも勇気を振り絞ってやらなくちゃいけない時もある」

〈絵本では、あんパンでできた自分の顔をちぎって困った人に食べさせる発想に。テ

やなせ・たかし

1919年（大正8）2月6日、高知県香北町の生まれ。本名は柳瀬嵩。東京高等工芸学校（現・千葉大工学部）図案科在学中に兵役。中国で敗戦を迎える。46年に帰国、高知新聞に入社。翌年、三越の宣伝部へ。54年、漫画家として独立する。67年に「ボオ氏」で週刊朝日漫画賞、70年に「やさしいライオン」で最優秀動画賞など。73年、「アンパンマン」の最初の絵本を刊行。「詩とメルヘン」を創刊し、編集長に。漫画家の絵本の会を結成。90年に「アンパンマン」で日本漫画家協会大賞。91年、勲四等瑞宝章。「てのひらを太陽に」の作詞でも知られる。

レビアニメ放映で爆発的人気を集める〉

「顔を食べさせるなんて残酷と言われたんですけど、パンなんですからね。当然です。その部分があったためにアンパンマンはよかったと思いますよ。ただ真ん丸顔でかわいいというだけじゃなしに、ちょっと苦い部分がありますから。それが子供の中で人気が出てきちゃってね。基本的には大人向けなんで、大人の心も打ってしまう。正義とか愛とかがばかにされる時代ですからね、今は。僕らは古い人間だから、相変わらずそういうことを言ってるんだけど、それがちっちゃい子供に受けちゃうというのは、何か不思議としか言いようがない」

超天才の仕事手伝えた

〈しょくぱんまん、カレーパンマンなどわき役のキャラクターも千六百を超える〉

「ばいきんまんを作ったのはよかった。悪があるからこそ、正義があるんだよね。敵役がよくないとお話がよくならない。つまり、光と影。絵を描くとすると、光だけ描くということはできない。影を描かないと光を描けない。だから、ばいきんまんを描く方に力が入る。うまく描けばですね、アンパンマンは自然に描けるんです」

〈アンパンマンの絵本が出た同じ年に月刊詩誌「詩とメルヘン」が創刊される〉

「現代詩わからなくてね。難解ですよ。詩人も自分たちの間で褒め合っているみたい。以前は中原中也にしろ、立原道造にしろ、皆読んでわかるというか、気持ちのいい詩があったじゃない。島崎藤村なんか調子いいですよね。皆暗記したりした。ところが、今のは何だかよくわからない。だから、僕みたいなよくわからないやつのための詩の本を作ろうということでね。抒情《じょじょう》詩と抒情画を復活させたいと思った。初めのころは読者の九割が少女。甘いのが好きという。僕は少女だましとか悪口言われたんですけど、今は年齢層高いですよ。お年寄りも多い。他《ほか》に抒情詩の本がないからね。絵描きもこの本から何人も育っています」

〈同じ年に漫画家の絵本の会を結成。十二人の会員は次々と亡くなり、今は七人〉

「会員の手塚治虫は恩人です。僕は『千夜一夜物語』を手伝ってアニメーションを覚えたんです。超天才の仕事を手伝ったことは大きな刺激となりました。彼は仕事をやり過ぎたんです。あんなにやっちゃあ、死んじゃいます。付き合いもよ過ぎてね。あんなに笑顔のいい人を他に知らない」

〈同三十六年、「てのひらを太陽に」を作詞、いずみ・たくが作曲、愛唱される〉

「漫画で行き詰まってた時、自殺しようかなんて思ったりしてたんですが、何気なく手のひらに懐中電灯を当てたんです。すると手が真っ赤に見える。ああオレの血がこんなに頑張ってるんだ、自殺なんかしちゃいられねえやなんてね。それで懐中電灯じゃまずいから太陽にしたんですがね」

「いずみ・たくが亡くなったのがショックでね。僕の『進め！　アンパンマン号』という歌が彼の絶筆なんです。病床のたくちゃんは鉛筆を持つ力がなく、メロディーを口述し、奥さんが写譜した。元気のいい曲でね、前のめりに倒れて逝きました」

日本テレビでまんがニュースを担当。左がやなせさん。右は手塚治虫さん（1955年ごろ）

〈四歳の時、中国特派記者だった父が任地で病死。母に書き残した手紙には「私は人生において、三つのことは生涯やっていく。それは絵と詩と雄弁だ」とあった〉

「雄弁はとにかくとして、父親のやり残したことは僕がやろうかと思いましたね」

楽しませることが好き

「ただ、長い低迷の時代が続きました。六十五歳ぐらいから多分仕事が暇になってくるから、後は油絵を描こうか、外国へ旅行に行こうか、どういう風にして暮らそうかと思ってたら、逆にその辺から忙しくなっちゃってね。もうとんでもない忙しさになって、八十歳になってなお忙しい。仕事ができるということは幸せですよ」

「今、子供から大人まで自殺する人が増えているんだけど、自殺しちゃいけない。歳《とし》を取った後って意外と面白いこともあるんでね。やっぱり、生きてる方が面白いですよ。僕も死ななくてよかったよ。いつよくなるかわからないんだから。今が悪いからといって早く絶望しない方がいい。人生ゆっくりでいい、あわてなくていい」

「人が喜ぶのを見るのが嬉《うれ》しいんです。ものを描いて、それを子供が喜んだり、親が喜んでくれる。その副作用として、幾らかの収入がある。金は追いかけちゃいけない。『何のために生まれて、何をして生きるのか』。アンパンマンのテーマであり、僕の人生のテーマです。楽しませることが好きだから。それが僕の仕事だから」

●聞き終えて

今こそアンパンマンに頑張ってほしい

東京・新宿のマンション三階のやなせスタジオ。アンパンマンの大きなぬいぐるみが、ソファにでんと置かれ、出迎えてくれた。仲間のキャラクターもそろう。「僕の子供たち」と呼んで、はにかむように笑った。

自宅は六階。六年前、妻に先立たれ、一人暮らし。毎日、エレベーターで行ったり来たりする。「土日、祭日なし。正月もありません」という忙しさ。

遅咲きの抒情派。「今ごろピークがくる人はいない。普通は感覚的に古くなって残らない。僕は精神的に成長しないんだよね。未成熟のまま。自分で不老少年と言っているんだけど」

夢や喜びや優しさやせつなさを描くメルヘンの世界。そこに〝反骨〟のテーマをさりげなく織り込むあたり、ただの抒情派とはひと味違う。土佐の風土と無縁ではないのかもしれない。

故郷の香北町に三年前、アンパンマンミュージアムが開館。昨年、詩とメルヘン絵本館もオープンした。七年前から毎夏、高知市で開かれる「まんが甲子園」の審査委員長を務める。

九日から兵庫県宝塚市の手塚治虫記念館で「やなせたかし・手塚治虫二人展」が始まった。

心臓、目、足が弱い。耳も遠い。「倒れるまでやる」。目が少年のそれのようにキラリと輝いた。混沌《こんとん》とした時代だからこそ、アンパンマンに頑張ってほしい。

編集委員　加藤　譲

（99．9．11掲載）

医師は常に心を大切に

農村医学の父（佐久総合病院名誉総長）

若月俊一さん

「医者の不養生がたたりましてね。去年、九死に一生という経験をしました。今はごらんの通り、こんなに丈夫になって。医学技術の進歩がいかにすばらしいか、身をもって体験しましたね」

基本は人間らしい医療

〈昨年九月、腹部大動脈瘤《りゅう》が破裂、半年間入院した。若いころは病弱で、中学時代と兵役時代に結核で長期間の入院生活を送ったことはあったが、佐久病院に来てからの五十数年間は病知らず。それだけに改めて患者の心が分かったと言う〉

「この病院の若いお医者さんや看護婦さんの尽力には感謝しています。その恩人を指して言うわけじゃないが、それに『今どきの若い人』という言い方は好きじゃないけれども、それでもあえて最近の若いお医者さんたちに言いたいことがある。それは『技術はあっても心を忘れている』ということ。明治生まれの年寄りが古臭いことをと思うか

わかつき・としかず

1910年（明治43）6月26日、東京・芝で洋品店の二男として生まれる。旧制松本高校、東京帝大医学部時代にアナーキズムやマルキシズムに傾倒。卒業後、同分院外科などで外科医としての腕を磨く。44年1月から約1年間、治安維持法違反容疑で警視庁目白署に拘置される。45年3月、長野県農業会立佐久病院に赴任。46年から94年まで同病院長。半世紀以上、農民特有の疾病、予防、健康増進に尽くしてきた。日本農村医学会を設立し、69年、国際農村医学会を主催。マグサイサイ賞、勲二等旭日重光章など受賞。

も知れないが、医師にとって何が基本で、大事かと言うと『いつでも』『どこでも』『だれにでも』人間らしい医療を行うことじゃないでしょうか。技術の中に立てこもってしまっては、この心が置き去りにされてしまう」

〈頻発する医療過誤事件も、技術志向で「心」を忘れた医師、医療技術が背景にあると指摘したいようだ〉

「こんなことを言うのは、大病を体験した昨日、今日考えたことではない。もう五十年も痛感している。端的に言えば、今でもへき地にお医者さんが来てくれないんですよ。全国に無医地区がまだまだある。真夜中でも、どんな山の中や離島に住んでいても、いつでも診てもらえる。『医療の民主化』とはそんな意味なんだが、まだできていませんね。医師が自分の地位とか、お金にばかり目を向けて、ヒューマニズムを失ってはなりませんね」

「世間が医師のことを『お医者様』と呼んで大事にしてくれるのは、何も白衣を着て威張っているからではない。弱い立場の人、弱った者を助けてくれると信じているからなのです。そういう人たちを愛する心を失ったらだめですね」

〈学生時代、幸徳秋水やクロポトキンの無政府主義に心酔、共産主義青年同盟にも加わった。卒業後、外科医としてスタートしたが、左翼活動に目を付けられ昭和十九年、治安維持法違反容疑で東京・目白署に約一年間拘留された。釈放後、恩師の紹介で長野県臼田町の佐久病院に赴任。終戦の半年前だった〉

「あの時は家内と息子の三人、小諸で小海線に乗り換えて臼田駅に降りると、山下ろしの空気が鼻に痛いほど冷たかった。でも不思議に〝都落ち〟という絶望感はなかった。

ロシア語に『ヴ・ナロード』と言う言葉があってツルゲーネフの小説に出てくるんだが、『人民の中へ』といった意味でした。そんな気持ちだったかな」

初の保険での病院給食

〈佐久病院は北に浅間山、南西に八ヶ岳連峰を望みながら駅から歩いて十分ほどの千曲川沿いにあった。当時は病院とは名ばかりの診療所。二階建ての病棟は閉鎖中で、医師は年寄りの院長と卒業したての女医の内科医二人だけだった〉

「当時の農村はだれもが貧しく、不衛生でしてね。暖房がないので『冷え』に悩まされる婦人、寄生虫症、田植えや稲刈りで手首がはれる『こう手』と呼ばれる急性腱鞘《けんしょう》炎など、過労と低栄養、生活環境の不備による健康障害が山ほどありましてね。それで、ここに来てすぐに入院設備を整えて、手術を始めました。随分しましたよ。入院患者が病院の廊下で炊事をする。危なくてね。疎開して来た人なんか食べ物もない。とにかくごはんを食べさせないことにはね。それで闇《やみ》米を買い出しに行って、わが国で初めて保険での病院給食を始めました。昭和二十二年ごろだったかなー」

〈佐久地方では、よそ者をキタリッポと呼ぶ。「こんど来た帝大出の医者は〝アカのキタリッポ〟だが、腕は確かだ」という評判をとった。二十一年には病院の労働組合に推薦されて、病院長に就任〉

公民館へ検診にきた農民たちと、炉端で健康を語りあう若月さん（左、1959年ごろ）

「当時、往診を受けることを『医者を揚げる』と言いましてね。芸者を揚げると同じように大変ぜいたくなこととされていたんです。体の調子が悪くても診察を受けない。それで『潜在疾病』が多かった。病院に来る患者を待つだけでは農民の健康は守れないと思って、馬車や牛車に乗って巡回診療に行きました。後に、八千穂村の全村健康管理が有名になりましたが、八ヶ岳山ろくまで出かけて行きました」

「へき地へ行って酒を飲むと、『医者ドロボー』って言われてね。おれはドロボーだけはしないって反論すると、『月に百万円近い給料をもらうなんてドロボーと同じじゃないか、三反百姓は月にたった十五万だぞ』ってね。そんな人たちと囲炉裏《いろり》を囲んで健康の大切さを説きました」

〈佐久病院はその後、長野県厚生農業協同組合連合会佐久総合病院として、ベッド数約千床、農村医学研究所、老人保健施設などを併設した長野県最大の病院に発展、若い医師の研修指定病院にもなった〉

「僕の目標は佐久病院を自立させることでした。難しい病気になったとき、東京へ行かなくてもここで大学に負けない治療が受けられる。貧しい人でも近代的な、最先端の医療が受けられる。そこで高価な医療機器を導入し、専門医をそろえてね。そのためには、病院を大きくしなくてはなりません。それで、赤字を出さないよう経営には力を注ぎました」

「僕が唯一誇りにしていることは、ここへ来て五十数年間、一度も逃げ出さなかったことです。現場第一主義、人間本位主義でね」

●聞き終えて

心の底に息づく大正ロマンチシズム

大病を経験したばかりの八十九歳翁とはとても信じられないほど足取りは確かで、声もしっかりしていた。病院関係者が、疲れが出てはいけませんのでインタビューは一時間程度にしてと気を使ったが、「なに構いません。何でも聞いて下さい」とあっさり。カメラマンの「千曲川沿いで」との注文に、気軽に先頭に立って土手へ案内してくれた。

佐久の高原を隅々まで巡回診療して鍛えた体はビクともしないようだ。柔和な顔に時折、鋭い眼光が差す。権力と闘ってきた『農村医学の父』の表情だ。

明治生まれだけど「明治維新は嫌い」と断言、「大正のロマンが僕を育ててくれた」と言う。「医師に欠かせないのはヒューマニズム。民衆に対する愛だ」と言い続けてきた背景に、大正ロマンチシズムが心の底に息づいていると感じた。

来春発足する介護保険制度が目下の関心事。「いいことですが、国や自治体がもっと費用を出さなくては。制度の欠陥がお年寄りにしわ寄せされなければいいんですが」とここでも弱い者の視点を忘れていない。

六十年以上連れ添ってきた次江夫人(88)が「肺炎が悪化して気管切開をして、大変なんです。治療は先生に任せているんですが、やはり最期の面倒は私がみなければ」と、このときばかりは心底心配そうだった。

編集委員　中沢礼次郎

（99．9．25掲載）

老醜でなく〝老秀〟でありたい

婦人発明家協会名誉会長

九重年支子さん

「美しく生き延びること。それが大事だと、みなさん、おっしゃるけど、それだけじゃいけないと思うのね。で、最近はスローガンを、『老醜でなく〝老秀〟でありたい』にしました。私ももう九十五歳。あと何年、生きられるかわかりませんが、死ぬまでずっと向上し続けなきゃと。もうこんな年だから、あとは安楽にじゃないの。何より自分が大事ですからね」

〈婦人発明家協会の初代会長を長年つとめ、数々の発明を通じて社会に貢献してきた。昨年、結腸腫瘍《しゅよう》の手術を受けた時も、入院中に、長さを自在に調節できる新しいタイプのステッキを発明。『マー！ステッキ』と命名して商品化した。旺盛《おうせい》な好奇心、研究心は今も少しも衰えていない〉

「病院の廊下で、点滴チューブをつけて歩いている人を見てひらめいたの。たまたま入院する前に、娘から『腰が曲がってきて恰好《かっこう》が悪くなったわね』と言われてショックを受けましてね。これはステッキの長さが悪いんじゃないかと。で、入院してもそのことが気になってたのですが、ある日、点滴しながら廊下を歩いていてふと気がついたの

ここのえ・としこ
1904年（明治37）8月11日、東京・深川の生まれ。お茶の水高等女学校専攻科卒業後、建築家と結婚。お手伝いさんがセルロイドの下敷きで帯締めを織っていたのをヒントに、38年小型手織機を考案し九重織と命名、家元に。39年銀座で初個展。これが大成功してブームに。戦後パリに1年間滞在。海外にも広める。62年に婦人発明家協会を創立。同年女性初の発明家として紫綬褒章を受章。74年勲四等瑞宝章を受章。現在は同協会名誉会長のほか、日本編物手芸協会理事長。生き方の講演活動でも活躍。本名は坂野敏子。

KAWAI

ね。点滴棒を持って歩いている人はみな、腰がしゃんとのびて姿勢がいいじゃない。そうか、ステッキの長さはこうあるべきなんだと」

担任教師と対立した母

「〈数々の悩みを越えし我が命／九十路の関所は最悪最善〉。これは、昨年、九十四歳の誕生日に詠んだ歌。病気は最悪だったけど、そのおかげで世に役立つ発明ができた。どんな時でも頭を目いっぱいこき使って、最悪を最善にしていくことが大切ですね。おかげさまでステッキも皆さんから喜んでいただいて。手術で助かった命なので後は世のために使いたいと、売り上げはすべて私の関係する団体に寄付しています」

〈あだ名は〝極楽とんぼ〟。天性の明るさは少女時代に身についた。若くして渡米した父親は日本にミシンを初めて紹介し、東京・有楽町に裁縫学院を設立。女高師出の母親が院長をつとめた。新しいミシン刺繍《ししゅう》を考案したり、特別の絹糸で専売特許をとるなど、九重さんの発明家の素質はどうやらこの母親から受け継いだようだ〉

「母はハイカラな人で、小学校でも他の生徒はみな着物なのに、私は洋服を着て通学していました。ある時先生から、学校には木綿の着物を着ていらっしゃいと言われたのですが、母はなんでそんなものがいるのかって。銘仙の着物なら、いつでも着られるけど、木綿の着物はしょっちゅう着られない。学校に通うために木綿を作るなんて不経済だから、うちでは作りませんて。先生にそのまま言ったら、すごくいやな顔をされました」

〈江戸っ子だった母親は、はっきりものを言うタイプ。軍人の奥さんだった娘の担任教師には、ことごとく母娘で反抗した〉

「お習字の時間もそう。学校で、黒く真っ黒になるまで書かせられた紙を家に持って帰ると、母はそんなことをしてたら字は上手にならないって言って、白いきれいな半紙にお手本を書いてくれる。お習字というのは、墨の黒と白い紙の色のコントラストが大事なんで、そんなに塗りたくっても上手になりっこないって。たしかにその通りだなぁと思って、その通り先生に言って、またいやな顔をされちゃって」

「女学校を出る時も、私は音楽学校へ行きたかったのですが、母に、これからは英語の力をつけておいた方がいいと反対されて、結局、お茶の水の専科へ入ることになりました。今は母のいうことに従って良かったなって思ってます。しろうとが音楽の道を進むのは大変だったと思うし、職業にしなかったから、今もこうして楽しみでピアノを弾き続けていられる。母親というのはそういう存在であるべきですね。

今の母親は、とにかく、いい学校へ入れたいという一心で、自分の子供を見ていない。だから偏差値みたいなバカなことが起こるんですよ。自分の子の価値を、他人に、商売でみてもらうなんて何ごとですか。親ほど自分の子のことをよく知っている人はいないはず。親にその自信がないのは、自分ができていないからですよ」

姑との同居も自分流

お茶の水高等女学校専科を卒業して〝花嫁修業〟のころ。日本髪姿で(1927年、東京で)

〈自由な家庭に育った娘が結婚に際してつけた条件が「姑《しゅうとめ》と同居しなくてもいいこと」。ところが、結婚した相手が十年後に病死。結局、姑と十三年間一緒に暮らすことに。だが、ここでも自分流を貫いた〉

「一緒に住むことになった時、私はおかあさまにはっきり申し上げたのです。私にとって、おかあさまはあくまでお姑さん。本当の母は実家の母よりほかにありません。おかあさまだってそうでしょう。だから、無理に仲良くしようと思わず、共通の愛する人を亡くした二人が、その義理で仲良くいたしましょうって。

義母は皇室の養育掛までつとめた人で、進歩的な考えの持ち主でした。ある時、こう言われました。外へ行く時、あなたと手をつないで歩けば、嫁と姑が仲良く歩いてると体裁はいいけど、あなたが随分ゆっくり歩いているつもりでも私にはまだ速すぎるのよ。お互いにこんな無理はやめましょうよって。一緒にどこかへ出かける時は、自分が三十分ぐらい先に家を出て駅で待ってるから、あなたは後から追いかけていらっしゃいって。素晴らしいことを言ってくれる人だなと思いましたね。それからは、駅で待ち合わせて一緒に電車に乗って出かけるようになって、帰りも同じように私が駅から先に帰って、お茶をわかして待っていると、後から義母がゆっくり帰ってくる。お土産のお茶菓子で一緒にお茶を飲むのが楽しみでした」

〈〝良妻賢母〟の型にはまらぬ新しい生き方を貫きながら、常に相手を思い、けじめを忘れない。そんな明治女性の筋の通し方が〝老秀〟の志にもこめられている〉

生来の明るさと好奇心が若さの秘密

オレンジ色のアンサンブルにベージュの帽子。季節を先取りしたお洒落《しゃれ》な装いで、にこやかに玄関まで出迎えてくれた。

数年前まで東京のマンションに一人で住んでいたが、現在は川崎市内で娘さん夫婦と一緒に暮らしている。「娘といってももう七十代。『敬老の日』のお金が一家三人にきたわねって笑っちゃった」。九十五歳の今も、週の半分は会合や社交ダンスのレッスンなどで、片道一時間半かけて東京へ出かけると聞いて驚いた。

夫が亡くなったのは、九重織を創始して間もないころ。女手ひとつで幼い娘を育てる生活はさぞ大変だったと思うが、「みんなもう忘れちゃいました」とにっこり。この生来の明るさと旺盛な好奇心が、若さの秘密なのだろう。

十歳から始めたピアノは、今でも譜面なしで弾ける曲が十曲はあるといい、その中からメンデルスゾーンの「舟歌」の一節を披露していただいた。鍵盤《けんばん》の上をなめらかに走る指。優雅な調べにしばし仕事を忘れて聞きほれた。

健康のためにご自身が考えたという朝食の特別メニューは、トーストにバターを塗り、その上に大根おろしと海苔《のり》をのせて醤《しょう》油《ゆ》をかけるか、練り梅とチーズをのせて。「これが意外においしいのよ」とにっこり。〝ものは試し〟の精神が、食生活にも貫かれている。

編集委員　音田昌子

（99. 10. 9 掲載）

常に今を生きよう

西日本旅客鉄道名誉会長・日本バレーボール協会会長

村井勉さん

「考えてみると、私の人生で、自分の意思で決めたのは学校選びまでで、社会へ出てからは、常に人に言われるままに歩んできました。住友銀行に入った時もそうですし、マツダへ行った時も、アサヒビールへ行った時もそう。JRの時は、当時の橋本（竜太郎）運輸大臣から直接電話があったのですが、あまりに世界が違いますからね。でも、頼まれれば、やるしかない。私の好きな言葉に『気がついたらもう船に乗っていた。それが人生だ』というのがあります。パスカルの言葉ですが、私の場合は、『気がついたら、ビールを片手に電車に乗っていた』かな。『人間万事塞翁が馬』という言葉をご存じでしょう。私の人生はまさにそれです。常に『今に生きる』というのが私の信念ですから」

〈ニックネームは〝再建屋〟。住友銀行から東洋工業、アサヒビールに派遣されてのみごとな再建、さらに、JR西日本の活性化。どこへ行っても、ネアカな性格がツキを呼び、苦境に追い込まれていた企業がよみがえる。生来の運の強さに加え、現場第一・顧客第一の経営理念と人一倍の努力で道を切り開いてきた〉

むらい・つとむ

1918年（大正7）3月31日、福岡県小倉市（当時）で生まれる。42年、東京商科大（現在の一橋大）卒業後、住友銀行に入社。同社取締役、常務を経て76年、東洋工業（現マツダ）に出向。取締役副社長として立て直しを図る。関西経済同友会代表幹事を経て81年、住友銀行副頭取に就任。82年、アサヒビールに出向。同社の代表取締役社長、86年、代表取締役会長に就任（現在は名誉会長）。87年、西日本旅客鉄道（JR西日本）代表取締役会長に就任。92年から名誉会長。96年、日本バレーボール協会会長に就任。

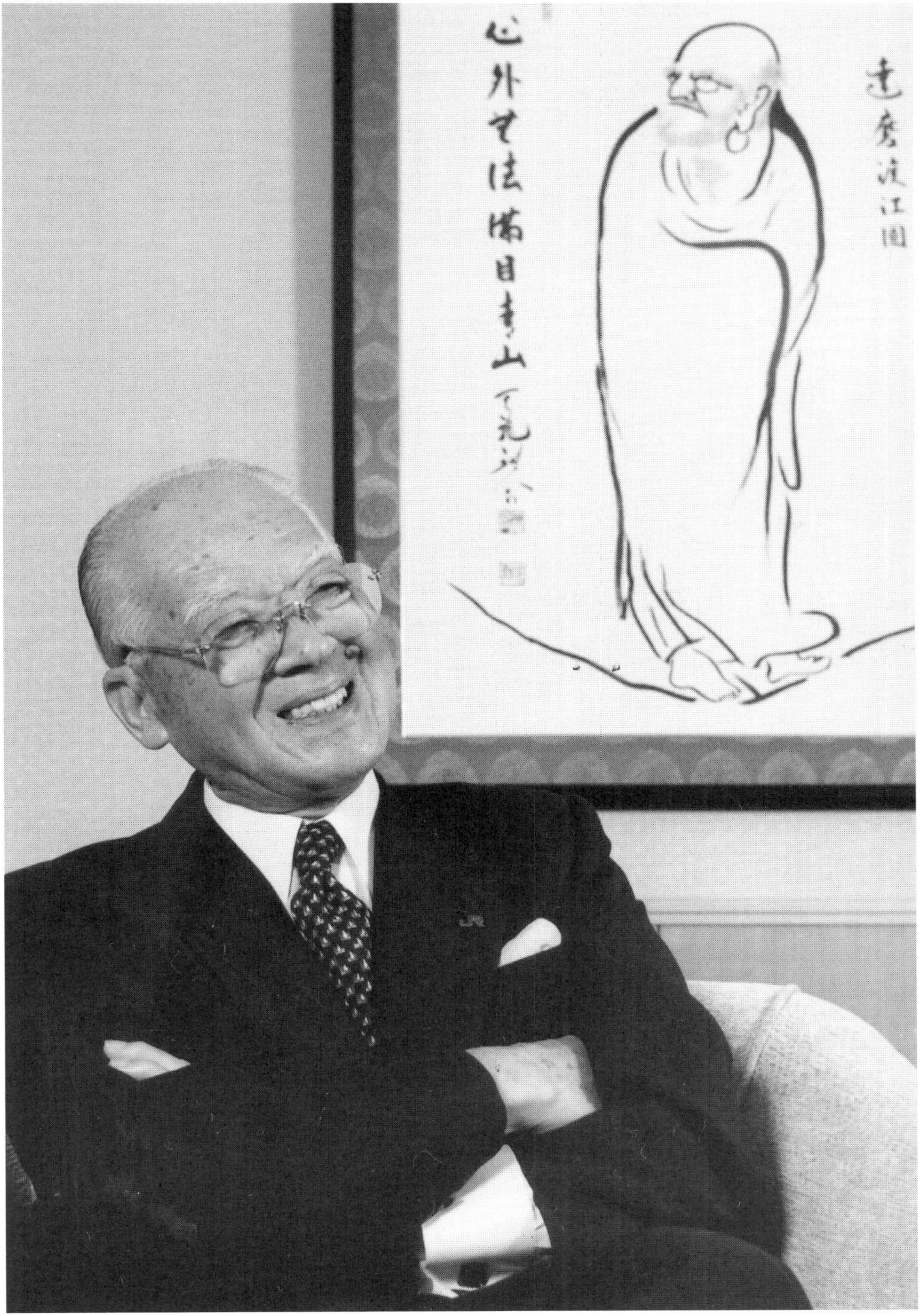

礼儀教育は形からだ

「何といっても、住友銀行時代の堀田（庄三）頭取にはいろいろ教えていただきました。私が総務部長をしていたころ、ある日、頭取室に呼ばれて『行員の礼儀ができていないぞ』としかられた。わけを聞くと、新人の女子行員がエレベーターで頭取にお辞儀をしなかったというんですね。『頭取のお顔を見たら、びっくりしてお辞儀どころじゃなかったんでしょう。第一、礼儀作法は人事の担当です』と言うと、『いや、総務部の仕事だ』と言われ、『礼儀を教育するのに、心から入ると時間がかかる。形から入りたまえ』と教えられた。

アサヒビールでも、ＪＲ西日本でもそうですが、経営理念を作成する時、私はまず社員からアンケートをとり、みんなでそれを簡単な文章にして、朝礼の時に唱和させました。そうしてまず形をつくり、次に、心をたたき込む。そうするために、トップ以下それぞれ分担を決め、現場へ出かけて行って、第一線にいる人たちと討議する。こうすると、経営陣にも現場の実態がよくわかる。こういう手法はすべて堀田さんの言葉がヒントになっています」

〈歴代の頭取の思い出話から、「昔の銀行マンは、型破りな豪傑が多かった。今は型にはまって、評判の悪いことをしやがる」とチクリ。『貸金はものではない、人を見ろ』と先輩から厳しく言われてきたが、その教訓を忘れないでほしい」と望む〉

「若いころはあまり本を読まなかったですねえ。私の出身の小倉高校は九州の名門で、新聞や雑誌を読むべからず。そんな時間があったら単語を覚えろというような校風でした。とにかくスパルタ教育で、電車に乗って通学してはいけない。乗る場合には医者の証明書が要るんです。持ち物検査も毎日あって、たばこを持ってないか、ドスを持ってないか。けんかもしょっちゅうでした。他校の生徒と視線が合うと、すぐけんかが始まる。一種のスポーツみたいな感覚でした」

「大学のゼミの金子鷹之助先生は、優をとるための勉強はするなという主義で、全員、良でした。ただでさえ優が少ないのに就職にひびくと、四、五人で談判に行ったら逆に、『君たち、よく良がとれたねえ』と言われちゃった。ある時、先生に人間はいかに生きるかと尋ねると、先生は即座に『自分の信じている道を真っすぐに進みたまえ。もし、その道が行き詰まっても、もう一本の道が必ず並行して走っているから、それに乗り換えればいいんだ』と答えられました。この言葉を人生の節目、節目で思い出し、参考にさせていただきました」

〈戦時中、教授の自宅で焼き芋を食べながら受けた〝芋ゼミ〟の思い出。卒業を半年繰り上げての召集、中国での捕虜生活と自らの青春時代を感慨深く振り返る〉

安全一番で信頼回復

「今の若い人はいったいどうなってるんだろう。バレーボールの世界選手権があった時、キューバの選手を見て驚いた。あんな食うや食わずの国から来たのに、みな身長も二メートルくらいあるし、筋肉ももりもりしている。その彼らが選手権に参加する費用

バレーボールで活躍していた大学時代。戦争で中止になった〝幻のオリンピック〟の全日本チームのメンバーと。前列左が村井さん（1940年、東京・浜松町で）

がないという。『勝ってからお返しします』と言われて驚いたね。経済的には貧しいけど、あの国では有望な人間を一貫教育で育てている。やっぱり一貫してやる方が伸びるものはどんどん伸びる。その点、日本の六・三・三制は、スポーツ選手の養成には向いていない。それとやっぱりハングリー精神だね。豊かな時代に育った今の日本の選手にはそれがない。世界バレーボール連盟のアコスタ会長に、『日本の選手には体力も気力も技術もみなない』と言われ、くやしくて思わず、『シドニーでは金（メダル）をとってみせる』と宣言しちゃったよ。困ったなあ」

〈たまたま取材の時期に、山陽新幹線のコンクリート崩落事故が重なった。民営化に携わった立場として、思いはひとつ〉

「鉄道事業においては、安全が一番大切です。ＪＲ西日本では発足当初、全員参加で『安全、正確な輸送に徹し、お客様に信頼される輸送サービスを提供します』と経営理念の方針を決めました。その初心にもう一度立ち返ってほしいと思います。阪神淡路大震災の危機を鉄道魂で乗り越えてきたわけですから、南谷社長を中心に全社一丸となって努力をすれば、必ずやお客様の信頼を回復できると確信しています」

〈座右の銘は「無執」。孔子の言葉で、物事にこだわらないという意味だが、〝村井流〟の解釈だとこうなる。「遊ぶもよし、勉強するもよし、しかしそれぞれ限度がありますよ。その限度は自分で考えなさいということです。そう考えると、実に便利で都合のいい言葉ですよ」〉

●聞き終えて

夢と目標達成に男のロマンかけ

お話を聞いたのは、ＪＲ西日本本社の応接室。村井さんは「写真を撮る時は、言ってくださいよ」とカメラマンに断り、まずたばこを一服。「一度やめたんだけど、太って糖尿病になっちゃってね。だから、健康のために、また吸ってます」とにっこり。飾り気のない、温かい人柄が感じられた。

「マツダの再建で四年、アサヒビールはのんびりしてたから五年、ＪＲは十年やらなあかんて宣言してたら、震災でちょうど一年のびて、十一年目に株式上場しました」と振り返る。やはり最後の〝官から民へ〟の転換が一番難事業だったようで、「さすがにあの時は、神経性脱毛症になりましたよ」。

学生時代はバレーボールで活躍。全日本のマネジャーも務めた。当時の仲間と、今でも年一回、『馬齢会』と称して集まり、ゴルフを楽しんでいるという。四度目の転身でバレーボール協会の会長を引き受けるはめになったのもその縁からといい、「貧乏くじをひいちゃって」と言いつつも、東京と大阪を往復する生活にもすっかり慣れたようだ。

「明治の人はやっぱりすごいよ。大正はふわふわしていてダメだな」と話の途中で何度か言われた。だが、明治が気骨の人なら、大正はロマンの人。その時々に全力投球をしながら、自分の夢と目標の達成に〝男のロマン〟をかけてきた。

編集委員　音田昌子

（99．10．23掲載）

日本の伝統食見直そう

自然食料理研究家
丸山光代さん

〈今年の秋、四冊目の著書『生命いきいきCOOKING』（せせらぎ出版刊）を出版した。自然に生産された旬のものを、無駄なくまるごといただくのが〝丸山流〟料理の基本。「〝おばあちゃんの寝言集〟です」と謙そんするが、六十年の実践に裏づけられた教えは説得力がある〉

「この年になって、こんな本が出るというのは、いま、あまりにも食べ物が悪くなって、一般の方の食に対する関心が強くなってきたからだと思います。西洋医学に頼りきってきた皆さんが、それだけではどうにもならない、やっぱり食物が毎日の身体をつくっていくのだから、食物を考えなければならないということにようやく気付き始めた。私が自然食料理を始めたころは、摘み草を集めてきてその食べ方を講義してもだれも見向きもしなかった。それが近ごろでは摘み草料理だなんてもてはやされて、家庭料理より高級みたいになっている。本当に変な世の中ですね」

〈講義の最初に必ず話すのが〝身土不二〟の原則。これはお経の中に出てくる言葉で「身体と土地は二つではない」という教え。つまり、その人が住んでいる土地でとれた

まるやま・みつよ

1915年（大正4）2月7日、静岡市で4人きょうだいの長女として生まれる。32年、静岡不二高等女学校卒業。36年、丸山博氏（元大阪大教授、衛生学者）と結婚。2男2女をもうける。漢方に関心を持つ夫の師であった桜沢如一氏（東洋哲学者）に出会い、食養の教えを受け、それを家庭料理にアレンジして実践。夫が大学を定年退官した後、助手として講演に同行したのがきっかけで、75年ごろから講師活動を開始。現在は、箕面、奈良、大阪市内の3か所で料理教室を開く。著書に「私の健康料理」「食卓の健康手帖」「自然を丸ごといただく献立」など。

ものが、そこに住む人の身体をつくるのに最も適しているということ。そういうものを食べていれば無理がないし、健康にもいいのだと強調する〉

農業に適した国・日本

「伝統食というのは、私たちのご先祖が何百年、何千年と食べてきたものです。その中で悪いものは捨てられ、良いものは残されてきた。つまり、非常に長い間の人体実験を経たものですから、これほど安心なものはない。ところがそれがだんだん忘れられて、いまはイタリーの料理だの、やれインドだ、タイだ、フランスだと、日本にいて各国のお料理が食べられる時代になった。でも、そういうものに日本人の身体はまだ慣れていません。たまに食べるのはいいんですよ、楽しみとしてね。それをしょっちゅう食べていては、やっぱり身体に良くないと思うの。日本の伝統食をもう一度見直してほしいと思いますね」

「日本は昔から『豊葦原《とよあしはら》の瑞穂《みずほ》の国』などと呼ばれてきた農業国です。温帯にあって春夏秋冬があり、雨にも恵まれている。気候風土がもともと農業に適した国なのです。それを、外国からどんどん食糧を輸入して、日本の農業をつぶしていくなんてもってのほかですよ。いま、日本国民の食の七〇%は外国からの輸入と聞きます。世界の先進国の中でこんなに輸入に依存している国はほかにありません。これは政治がいけませんね」

〈夫の故丸山博さんは、元大阪大医学部教授。食品添加物、大気汚染などの公害問題に関心を持ち、森永ヒ素ミルク事件の被害児の追跡調査をするなど、社会派の学者とし

て知られる。生前は晩酌の相手をしながら二人でよく社会の動きや政治について語り合ったという〉

「私は小さいころから身体が弱かったものですから、両親は医学者と結婚させたら安心だと思ったようです。ところが、ご本人の方がもっと身体が弱くて、本当に骨と皮だけみたいな人でした。少しでも太ってもらおうと思って、当時、身体にいいといわれていた卵だのお肉だのをどんどん食べさせた。ところがそれで良くなるどころかかえって身体を悪くして、桜沢先生にしかられました。食物を改めなきゃだめだといわれ、食せん（食事の処方せん）を書いていただいたのが食養生を始めたきっかけです。その時の食せんは、玄米食と野菜が主で動物性食品は煮干しだけという厳しいものでした。でも、そのおかげで、あの弱かった人が八十七歳まで生きましたし、私もこの通り、まだまだ元気です」

〈戦後、大きく変わった日本人の食生活。「でも、こんな時代だからこそ私は変わらぬ料理を作り続けます」と力をこめた〉

少しでも良いものを

「思えば戦後、食生活改善の車が日本全国を走り、小麦粉と肉を使った欧米型の食事が身体にいい、栄養価の高い食品だと盛んに宣伝したので日本人はそれをすっかり信用して、食生活を大きく変えました。その結果が今のがんや成人病（生活習慣病）といわれるもとを作ってきたのです。そ

良きパートナーだった夫の博さんと（1975年、京都市花背で）

していまだにそれを信じておられるのがお料理の先生ですね。テレビの料理はほとんど肉を使う。肉を使わない時はエビを使うとか。小魚の料理なんてめったにないですよ。

私ぐらいの年になりますと、子供のころは、家の畑で作った野菜を食べ、庭で育ったニワトリの卵を食べていた人が多い。でも今は、それぞれの（食物の）素性がもっと悪くなってますから、これから成長していく子供さんはかわいそうですね」

「私も四人の子供を育ててきましたが、母乳が足りない時は、玄米のスープを飲ませたり、〝乳子〟といって、玄米を煎《い》って粉にしたものを煮て黒砂糖で味つけしてほ乳瓶で飲ませたりしました。今は離乳食もいろいろ便利なものが出回っていますが、日本人が伝統的に食べてきた主食のお米を離乳期にももっと使っていただくと、それが一番安全だと思います」

〈一人暮らしの食卓は玄米と野菜中心。「お漬物とみそ汁に野菜の煮たのがあればいい」といい、たまに小魚の干物を食べる程度。魚のある日はお酒を少し飲む。最近は紹興酒がお気に入りとか〉

「今の日本は政治も経済もひどい状態ですが、せめて食生活だけでも、私の体験を通じて皆さんに、どんな時代がきても健康で生きていけるように、こういう料理法を知っていただきたいと思います。とくにこれからもっと厳しい時代を生きていかねばならない若い方たちに、これだけは日本人の食の基本だというものを知ってもらい、乱れゆく世の中で少しでもいいものをとるように心がけて下さればと願っています」

●聞き終えて

やさしい笑顔とつややかな肌

和服に白いかっぽう着が似合いそうな優しい笑顔。つやつやした肌が若々しい。八十を超えた今も現役で料理教室の講師を務め、講演にも出かけて行く。『生命いきいきＣＯＯＫＩＮＧ』の編集を手伝った孫娘が料理講習会に同行し、重いリュックを背負ってスタスタ歩く祖母の元気さに降参したと語る。

身体が弱く、十二回も入退院を繰り返した夫のために、試行錯誤を重ねて食事作りをしてきた主婦が、ひょんなことで五十代半ばから社会に出た。食の大切さを訴え、食品公害や環境問題に取り組む夫と二人三脚で歩んできた長い道のり。「話し相手がいなくなったのが一番寂しいですね。でも、主人が弱かったおかげで今の私がある。運命に従って最善を尽くすことが大事だと思います」と。

撮影は大阪府箕面市の自宅の庭で。「アケビの葉のお茶は、利尿剤になるのよ」などと教えていただいた。庭の雑草から作ったというお茶を勧められて飲んでみた。玄米とカボチャの種を煎って一緒に混ぜるのがコツという〝雑草茶〟は香ばしく、ほんのり甘い味がした。一番驚いたのは野菜の調理法。皮をむかない、ゆでない、あく抜きしない。「これが〝私流〟。見かけは悪くても、健康にはこの方がいいことは、私の身体で実証ずみです」とにっこりほほ笑んだ。

編集委員　音田昌子

（99．11．13掲載）

「好きだ」という気持ちが大切に

京都大学名誉教授
岡村誠三さん

「無意識に何かをするのが大切だと思うんです。マラソンの宗猛さんの話ですが、『走りたい』という気持ちが出ないと、いくら教えてもうまくならないという。『走りたい』というのは無意識なんです。『好きだ』ということなんです。ところが、今小学校では好きだという気持ちが起こらない教育をしている。歌うのが好きだ、絵を描くのが好きだというのを子供に自分で発見させ、自分は生涯これが好きだというのをよく教えなきゃいけない。例えば茨城県東海村の核燃料加工工場での臨界事故。バケツでウランを扱うのはいやだという、そういう無意識を徹底的に植えつけないと、どんな安全な機械をもってきても暴走は避けられない。無意識というのを子供のときから大事にしてバケツでやれと言われてもいやだ、という感情を育てられませんかね。明治、大正の人はその辺のことを考えてたんじゃないかと思うんです。好きだとか嫌いだとか、しちゃいかんとか。常識というより良識ですよ」

〈生後七か月で母親が死亡。父の妹が一人息子を亡くしたばかりだったので、その家の養子になった。母の死も偶然、養母の子の死も偶然。偶然が重なり自分があると感じ

おかむら・せいぞう
1914年（大正3）1月1日、製紙技術者、佐伯勝太郎氏の6番目の子として東京で出生。7か月後山口県柳井市の岡村家の養子に。37年京都大工学部卒。46年同学部教授。68年から4年間京大原子炉実験所長を務めた。スウェーデンの高分子化学の研究・指導に貢献したことから70年に王立スウェーデン科学工学アカデミー会員。77年退官後、京都産業大教授。90年日本学士院会員。
放射線化学の研究業績によって63年日本化学会賞、70年に日本学士院賞恩賜賞を受けている。人物のスケッチが特技。

ていた〉

「養父は地主で岡村の家を継ぐんだから田んぼの仕事に興味を持てと言うんですが、いくらやっても好きになれない。時計壊したり、機械いじりしたりの方が好きで。遺伝というんですか、実父は内閣印刷局で紙幣局長をしていた技術屋でね。大学に行くとき兄に相談したら、父が『誠三は東大に行かないで京大に喜多源逸という偉い先生がいるからそこへ行け』と言って死んだという。それで京大へ進んだんです」

大豆で繊維作りの実験

〈喜多教授はその年非常に忙しく、代わりにドイツから帰ったばかりの先生がいるからと紹介されたのが桜田一郎先生。二人の先生に出会ったのも偶然の幸運だった〉

「昭和十二年に卒業し、戦時要員ということで大学に残り、喜多先生から大豆たんぱくのテーマをもらったんです。そのころ日本は繊維がない。羊毛はオーストラリアから、綿はアメリカから輸入していましたが、禁輸になった。当時イタリアの研究者が牛乳から繊維を作って『イタリアの羊毛』の名前で売り出し、世界的に宣伝されましてね。性質はあまりよくないが、喜多先生がその文献を見て日本でもやろう、軍服を作ろうという。日本には牛乳がないから、満州の大豆を使おうというのです。

私は五年くらい、豆腐をアルカリに溶かして糸に引く実験を毎日やったんですが、たんぱくの構造が違うんです。食べるのは球状のたんぱく。それから繊維を作るのはもともと無理でした。球状のたんぱく分子をのばす方法はないことはないんです。尿素を入れて変性処理をしますと、繊維状のたんぱくに変わるんです。それをやりましたけれど、強い繊維はできない。失敗したわけですが、その間にいろんな知識を得まして、後に桜田先生が文化勲章を受けたビニロンを作るときに役立ちました。日本がなくなればおしまいだから何もかもがまんしてやるというのが、当時の気持ちで、後から考える歴史は相当違いますね。国の存亡をかけての軍事研究でしたが、実行者と計画する人とでは感じが違うんです。国の組織として計画を立てる際には、そこを十分考えてやらないと、若い者や一般大衆はそのまま動かざるを得ない。

　戦前、戦中のような、がまんしなきゃいかんときがまたあるんじゃないかな。そのときは経験を生かしてほしいね。あのときはまずかったから、もう二度とやるなと言いたい。私のような口をたくさんにして言葉をたくさん残しておけば、一つくらいは若い人に伝えられるんじゃないかな」

〈岡村さんが放射線化学という新しい分野に踏み出したのは、原子力の平和利用という国際政治の要請からだった〉

「原子力平和利用には二つあって一つは物理的な利用の原子力発電、もう一つは化学利用としての放射線の利用。たまたま、米ソの長い冷戦がちょっと休憩し、ソ連とアメリカの原子力発電を公開するからというので一九五七年にジュネーブで第一回の会議があり、京大物理の木村毅一先生が団長で、私もそれについて行ったんです。

　私が弟子とともにやったのは固体の中の化学反応。普通、溶液の中で分子を動かさないと化学反応しない。ところが固体で放射線を使って分子を励起

製紙会社で印画紙のコーティングを研究していた仲間と。右から山岡憲一さん（故人）、本山卓彦さん（俳号、卓日子）、岡村さん、矢野哲夫さん（1948年7月）

してやると小さい運動でも反応することを見つけたんです。固体のトランジスターが真空管に取って代わったように、化学反応でも溶液の中より固体の中の方が速いんじゃないかというんで私たちの仕事が評価され、七〇年に日本学士院賞をいただいた。これも偶然です。アメリカの原子力産業を存続させるための平和利用ということで、やったことです」

科学を扱うのは人間

〈大阪府熊取町に作られた京大原子炉実験所が、原子力全般の研究を目的としていたことから、化学利用の人からもと懇請され、四年間、同実験所の所長を務めた〉

「原子力というのは、機械としては人間の考えられる限界までできているが、それを扱うのは人間ですからね。偶然に何かが起こり、その偶然に重ねてもう一ぺん偶然が起こるというように、三回くらい偶然が重なると、われわれの頭では解析できないんです。科学がもう少し発達すればあらゆることが論理的に解けるという科学至上主義もある。問題は人間がそれについていけるかどうかです。私は先だっての京都の停電でも機械が人間を笑っているのではないかと思うんです。機械はちゃんとしているのに人間はなんでオペレーションミスをするのかと。論理的なことはすごく発達しますが、果たして人間がついていけるかどうか。きげんの悪いときにちょっとどこかミスをすることはある。人間が扱える科学の限界というものはどこまでなんでしょうかね」

慎重な性格、どこまでも生真面目

開口一番、「私は生涯のほとんどを大学で過ごしたため話が硬いんです」とクギを刺された。本を二冊書いたが、難しかったせいで売れなかったという。出版社に済まないというので、編集者が話を聞いてまとめた三冊目はまずまずの売れ行きだ。「文章にすると格好をつけるが、話すとなると何でもしゃべるのでそれをおもしろくまとめてもらった」と正直な感想。

子供のときから養父に「小心翼々たれ」と教えられたせいで、慎重すぎるほどの性格になったという。東大を出て大蔵省税務監督局のエリート官僚だった養父は、部下の汚職の責任を取って辞め、田舎に引きこもったことから、「用心に用心しても不幸になることがある。そういう不幸に遭わないために何事にも注意せよ」と息子を諭したのだ。

岡村さんが中心になって開拓した「放射線化学」という用語が、大学の講座名としてはほとんど使われなくなり、「光化学」などの一部になっている。放射線のイメージが悪くて、学生が集まらないからで、その点がちょっと残念そうだった。

京都・三条に近い高瀬川にかかる橋の上で写真撮影したが、そのとき「知人たちと月一回老子を読んでいるんです。おもしろいですよ」と言われた。後日、電話で「歯をむきだしにして笑っている写真は使わないで」と要望された。どこまでも生真面目《きまじめ》な人だ。

科学部長　松本　弘

（99．11．27掲載）

人を引き付ける華になれ

俳優 島田正吾さん

「医者がね。健康のため毎日散歩して下さいと言うんですよ。それも一時間かけて。風情のある散歩道ならともかく、家の近くでは車が走っているし、危なかしくって仕方ない。渋ると、しないと芝居ができなくなりますよという。これにはマイッタねえ。ただ、何もせずに歩くと二十分でもつらい。芝居のせりふをブツブツ口にすると、三十分はいける。それが、舞台の時のような大声を出しながら歩くと、あっという間に一時間が過ぎる。不思議だねえ」

〈時折、ウーンと腕を組む。言葉を選び、ゆっくり話す。時の流れ、場所、人物などの描写は実に克明。新国劇に入って七十六年。創立者・沢田正二郎との出会いと別れ、八七年の劇団解散、八九年の盟友・辰巳柳太郎の死などを経て、ひとり芝居がライフワークとなった〉

新国劇の精神受け継ぐ

しまだ・しょうご

1905年（明治38）12月13日、横浜市で生まれる。本名・服部喜久太郎。23年（大正12）、沢田正二郎を慕って18歳で新国劇に入る。27歳の時、長谷川伸作の「関の弥太っぺ」で初の主役。「一本刀土俵入」の駒形茂兵衛、「瞼（まぶた）の母」の番場の忠太郎、「人生劇場」の吉良常など幅広い役柄を演じて、辰巳柳太郎とともに劇団の大黒柱に。87年の解散後は、ひとり芝居を中心に活躍。92年のNHK連続テレビ小説「ひらり」では質屋のご隠居役。95年、歌舞伎にも出演した。芸術選奨文部大臣賞、長谷川伸賞、菊池寛賞、フランス芸術文化勲章シュバリエ章などを受賞。

「解散……そりゃあ、さみしかった。記者会見した夜。何気なく人名辞典を手に、『さ』の項目をめくった。『沢田正二郎。大正六年新国劇を旗揚げ。半歩前進主義を唱え、国定忠治で名を高める……』。こんな内容だった。実に簡単なんだな。新国劇は剣劇だけではない。文芸作品も多い。先生の偉大な業績を正しく伝えていない、と腹がたった。その時、無性にひとり芝居をやってみたくなった。新国劇の旗は下ろしたが、血となり肉となっている沢田精神を体が動く限り受け継ごう、とね」

〈この意欲が名優の人生をさらに飛躍させた。「シラノ・ド・ベルジュラック」の翻案「白野弁十郎」を、一時間四十分のひとり芝居に練り上げた。大きな鼻の剣客・白野が千種姫に寄せた恋を詩情豊かにつづった愛の物語。九〇年に東京・銀座小劇場、九一年早稲田大学大隈講堂で演じて反響を呼び、九二年にパリ公演を果たした〉

「白野はね。沢田先生の初演を舞台のそでから盗み見て以来、僕にとって夢の役だった。先生の追悼公演で初めてやらせてもらったが、『千種よさらば、我は今、死のかどでに逝かんとす……わが命、わが宝、わが恋』と恋文を読み上げるラストシーンは役者冥《みよう》利《り》につきるもの。だから、ひとり芝居もまず白野を考えましたよ」

「実は、劇場公演の前年に、長女宅に友人知人を集めてやったんですよ。大詰めで散らせるイチョウは、隣の家の落ち葉をかき集めて二、三日乾燥。血染めの恋文は自分で書いた。すべて手作り。これが良かったのかなあ。原作『シラノ』の古里パリにも行くことができた。その小劇場の舞台に立った時はうれしくて、カーテンコールでラ・マルセイエーズ（フランス国歌）を二度も口ずさみましたよ」

〈以来、九三年から毎年五月、東京・新橋演舞場でひとり芝居が続く。「人生劇場・吉良常」「伊豆の夜叉王」「番場の忠太郎」「一本刀土俵入」「殺陣師段平」「霧の音」「私の沓掛時次郎」。今年は辰巳の当たり役「王将」の坂田三吉に挑んだ〉

「あいつが亡くなって十年になるが、今もってライバル意識が消えない。他のだれに負けてもいいが、辰巳にだけは負けたくない。ただ、三吉の役だけはかなわん。彼自身が三吉のようだった。強くて弱くて、おかしくて悲しくて、あったかくて冷たくて。天才的な舞台をする。芝居の王将ですよ。僕は努力するしかなかった」

〈辰巳の話をする時、表情にスーッと赤みが差し、活気を帯びる。「追善なんかじゃないよ、新作をやるつもりで僕の三吉を作ってみたかった」とも。切れ味鋭い辰巳に対し、ヒョウヒョウとした島田の三吉。剛と柔。動と静。大入り満員の会場から惜しみない拍手が長く続いた〉

「僕は幸せな男ですよ。この年まで好きな芝居ができるのだから。これも沢田先生のおかげ。島田と辰巳を合わせても、今もって先生の域に達してないと思いますよ。なにせ、その芸は上手とか下手とかいうレベルを超越していた。磁石が鉄を吸いつけるように観客をグイグイ引き付ける不思議な力があった。舞台が終わった時、『さあ、明日からまた頑張ろう』と生活意欲まで高めてくれるのだから」

99歳まで続けたい

〈「野球ができるか」「できます」「よし」。新国劇入団の面接はこんなユニークなものだったという。大の野球好きで、巨人の長嶋ファン〉

ひとり芝居「一本刀土俵入」の舞台（1995年5月、東京・新橋演舞場で）

「華がありましたねえ、あの人は。途中でプレーを捨てず、最後までやり通した。グイグイ引き付ける力も沢田先生に通じるものがあった。今でも舞台に立つだけで、大向こうから声がかかる人ですよ。役者もあのようになりたいもの。そういう華が育ちにくくなっている」

〈朝十時ごろ起き、夜十二時すぎ寝るという習慣は今も変わらない。健康法は芝居を見ること、考えること。ひまを見つけては歌舞伎、新派、ミュージカル、映画鑑賞。ひょいっと新幹線に乗って名古屋まで。毎年のように海外旅行も〉

「何事も勉強、勉強。ひとり芝居の魅力ですか？　登場人物は主役一人だが、さも、わき役らがいるように工夫しながら演じることかなあ。それと、いつでもどこでも稽古《けいこ》ができる点がいい」

「来年は義理人情のしがらみを描いた『荒川の佐吉』を考えています。昨年八月の納涼歌舞伎で、佐吉が育てた子を実の親に返すように説得するやくざの親分をやったが、実のところ、僕は十五代目（市村羽左衛門）の初演を見ていましてね。あの名調子が忘れられない。今は佐吉のことで、頭がいっぱいです」

〈この十三日に満九十四歳を迎える。役者志望の後輩に一言を……と求めたら「耐えることかな」とポツリ。「僕は何度も失敗を繰り返した。あきらめず、乗り越えてきた。今やっと、心のおもむくままに行動できるようになりましたよ。夢は九十九歳までひとり芝居を続けること」ときっぱり〉

不撓不屈「いつまでも挑戦者で」

二時間のインタビューだった。東京・目黒の竹林に囲まれた島田邸。「やあ、よくいらっしゃいました」。血色がよく、とても九十三歳には見えない。その貫録に圧倒される思いだったが、島田さんは終始なごやか。インテリのご隠居さんといった気さくさだった。

「どんな人生でしたか」と切り出したところ、「もし、沢田先生に会えなかったら、俳優になれなかったら、ろくでもない人間になっていただろう」と小声で。やや間を置いて、両親のこと、新国劇入門のいきさつ、誤認逮捕されたこと、関東大震災、交友などを具体的に。それは説明というより、ひとり芝居のようにも聞こえ、すっかり至芸のとりこになってしまった。

通された二階の一室は書斎だろうか。本棚が並び、様々なカエルの置物が顔をそろえていた。「ヤナギに飛びつくカエル」は不《ふ》撓《とう》不屈の精神を表す新国劇のシンボルマークだ。

「耳は少し遠くなったが、立ち居振る舞いは心配ない。今後、体が弱っても、セリフが言えれば、座ったままの芝居ができるはず。いつまでも挑戦者でありたいですねえ」

新橋演舞場の女性が同席してくれたせいか、話すほどに舌はなめらか。笑いが飛び交う楽しい取材となった。「九十九歳のひとり芝居」まで頑張って！

生活情報部長　築山　弘

（99. 12. 11掲載）

やりたいことするのが一番

市民運動家
飯田しづえさん

「いま、考えていることは、お年寄りの話をちゃんと聞いてくれる場がほしいということやね。それは年寄りの繰り言かもしれんし、ただの嘆きかもわからんけど、話に耳を傾けてくれて、時には助言をしてもらえる。そんな場が必要だと思うのね。お年寄りに対する公的なサービスは、昔と比べればだいぶよくなったと思うけど、もう少し精神的な支えというか。お年寄りは、心の中のつらさをだれに言うたらいいか分からへんし、しようがないから胸にため込んでいる。それをちゃんと聞いてやるだけでも、年寄りはうれしいわけよ」

〈昨年、自宅でころんで腰ついを骨折。退院後のリハビリのために、現在週二回、豊中市の老人保健センターに通い、入浴サービスを受けている。話もまずはその体験を通じての感想から。「だけど、私は話を聞く方の側よ。自分で自分の仕事を作っているの」とにっこり。自分を年寄りとは思っていないところが飯田さんらしい〉

「とくに、男の年寄りは社交性がなくてあかんね。昔えらかったんかどうか知らんけど、おふろへ入った後、みんなと話をして楽しく帰ったらええと思うのに、初めから終

いいだ・しづえ
1909年（明治42）11月10日大阪市北区で生まれる。27年大手前高等女学校卒業。28年女子師範第二部を卒業して5年間小学校教師を務める。34年羽仁もと子の自由学園付属洋裁生活学校に入学。35年帰阪後、田中千代に師事。その仕事の一部として大阪・心斎橋のカネボウサービスステーションの洋裁主任となる。41年結婚のため退職。戦時中は疎開先の長野県で若い女性の学習会を指導。終戦後、婦人民主クラブに入会。50年豊中市婦人団体連絡会会長に就任。55年豊中市の市議会議員に立候補。トップで当選。同市第1号の女性議員として87年まで現職を務める。

わりまで黙ったまま。私一人だけしゃべってんねん。あいつ、しゃべりやなぁと思われてるやろけど、せっかくの公的なサービスをもうちょっと楽しいものにしたらええのにと思うから、少しずつ、ほぐしてるんやけど、なかなか崩れへんわ」

「おしめ戦術」大成功

〈戦後、自宅を地域に開放し、共同子育てや食事作り、洋裁教室などの活動を通じて女性たちの学習と交流の場をつくり、その地盤をもとに、四十五歳で大阪・豊中の市議会議員になる。以来、通算七期二十八年間、基地問題の追及から、国に先がけての売春禁止条例の制定、低家賃住宅の設置など、身近な暮らしの問題を市政につなぐ役割を果たしてきた〉

「議員になって、最初に出した要求が、『蚊とハエのいない町づくり』。まだこのあたりは周囲が田んぼやったし、下水も完備してなかったから、蚊やハエが多くてみんな困ってたの。その後も、ゴミの問題とか、どこやらの下水溝がいかんの、道路がいかんのいうて、そんな話ばっかりするので、『女は小さいことばっかり言いよる』って何べん言われたか。

市議会議員の仕事って、本気でやろうと思ったら、なんぼしてもしきれないくらいすることがある。議会でもよく質問したの。そのころの議員は、手を挙げるのは採決を取る時ぐらいで、質問する人なんてほとんどいはらへんかった。だから、パッと手を挙げるとすぐ当たるの。びっくりしたわ」

「保育所の運動をした時もおもしろかってんよ。市長の部屋に赤ちゃんをおんぶしたお母さんたちを大勢連れて押しかけたの。みんなでじゅうたんの上で一斉におしめを換えてね。この若いお母さんたちは働きたいのに保育所に入れないって訴えたわけ。働いている人の子どもは預かるけど、これから働こうという人の子どもは預からへんて、そんなおかしいことはないわよね。このおしめ戦術は大成功。市長も苦笑いして、新しい保育所の設置を約束してくれて、就職の目当てがついたら預かりますということを不文律で残したの」

〈市議会議員に初当選した時、上の子は中学生で、一番下はまだ小学一年生。「三人ともほったらかしで、勝手に大きくなったようなもの。子どもたちには申し訳なかったと思ってます」と。だが、末っ子の精三さんは大学を出る時、「議員のお母さんを持ってあなたも大変だったでしょう」と聞かれてこう答えたという。「いいえ、こういう母を持って、ぼくは誇りに思います」。母親として何よりもうれしい賛辞だったろう〉

「今の女の人は、何でも男と同じようにできるようになったでしょう。私らの時は『女だから黙りなさい』『女だからそれをしてはいけません』という時代やったけど、今は自由ないい時代になったと思うのよ。だから、その自由をもっと生かして、いろんなことをどんどんやってもらいたい。でも、女の人は男の人と同じように働こうと思っても、おうちのこともせんならん。これは、時代が変わっても、あまり変わってないわね。変わるにはまだまだ時間がかかる。まあ、孫たちが大きくなるころには、多少は良くなってると

市議会議員に初当選したころ。夫と3人の子供たちと（1955年、大阪・豊中市の自宅の台所で）

思うけど」

〈戦時下の青春時代。小学校の教師をしていたころ、築地小劇場を見たのがきっかけで、演劇に傾倒。劇場の観客を組織する活動に参加するが、左翼的な文化活動には弾圧が厳しく、あらぬ疑いから検挙され、学校をやめるはめに〉

「当時は劇場に臨検席というのがあって、警官が監視してるの。台本にも検閲が入り、禁止されたせりふの個所になると、俳優は声を出さず口だけぱくぱくさせている。すると、それを見ているお客さんが代わりにそのせりふを言うの。警官は止めようとするけど、何しろ観客は大勢でしょう。警官が一人でうろうろするのを見るのがおかしくて。今の人は何でも自由にできるから、禁止されるつらさなんてわからんやろね。でも、禁止されてることをくぐり抜けていくのもまたおもしろかってんよ」

辛抱する大切さ学べ

「若い人に言いたいことは、自分のやりたいことをして生きるのが一番だということ。そのためやったら、少々のことは辛抱せんならんし、いろいろと工夫もせんならん。自分がやりたいことをしようと思ったら、つらいこともあるし、いやでもせんならんことをせなあかんこともある。そういうことを今の若い人が覚えてくれたらいいんやけど、今の若い人はやりたいことだけやって、辛抱することをしない。これはやっぱり、教育の責任やね。自分のしようと思うことを、まじめにまっとうにやっていくことが大切であることを教える。それが今の教育には抜けていると思うのよ」

●聞き終えて

楽天的な性格、現役貫く原動力

阪急・豊中駅から歩いて七、八分。閑静な住宅街の一角にある住まいは、広い庭に囲まれた木造の平屋。出窓のある明るい台所でお話をうかがった。だれもが自由に集まれる家にしたいと、建築家だった夫の精次郎さん(故人)が設計した。「この大きなテーブルが食卓にも、裁断台にもなり、選挙事務所にもなった」とこの半世紀を振り返る。

三人の子どもたちもいつも大勢の人が集まりにぎやかだったこの家が大好きで、二男の精三さんは結婚式もここで挙げた。現在は父親の設計事務所を継ぎ、同じ敷地内に住んでいる。

市議会に出たのは、戦後発足した豊中市婦人団体連絡会の会長をしていたころ。行政に暮らしの声を反映させるため、メンバーを送り込もうという話になった。が、いざだれが出るかとなると「お父ちゃんが反対しはる」などとみなしり込みする中で、「出たらええやんか。民主主義やから女も出るべきや」と後押ししてくれたのが精次郎さん。「家のことは何もしてくれなかったけど、文句言わずに外へ出してくれただけで感謝してます」

七十代後半まで現職議員を務め、言いたいことを言ってきた元気さは、今も少しも衰えていない。昔の苦労話を語る時も、「おもしろかってんよ」と笑いとばす楽天的な性格が、生涯現役を貫く原動力なのだろう。

編集委員　音田昌子

(99. 12. 25掲載)

空想的平和主義、軍国主義に類似

京都大学名誉教授　平和・安全保障研究所顧問
猪木正道さん

戦争の責任、忘れずに

「日本人は、第二次世界大戦が空前の自爆戦争であったことを忘れちゃいかんと思うんですよ。それを忘れた議論が最近多い。日本の歴史に誇りを持てとか、戦争は日本が仕掛けたんじゃない、真珠湾はルーズベルトがやったんだとか。でも、そんなことは枝葉末節なこと。世界中を敵に回して戦争をしたという愚劣な行為は日本の責任ですよ」

〈国際政治、政治史の権威。一九七〇年に、京都大教授から防衛大学校の校長に転身して話題を呼んだが、同大を辞めた後も平和・安全保障研究所の理事長を務め、一貫して防衛問題の研究に取り組んできた〉

「いま、世界が力を合わせて侵略者あるいは加害者をなくそうという時に、日本だけが一切の武力的貢献は勘弁して下さいというのはわがままでしょう。国際社会の一員として、日本も世界平和のために相応の貢献をすべきだと思います。どこの国に対しても、

いのき・まさみち
1914年（大正3）11月5日、京都市で生まれる。細菌科の医師だった父の勤務の都合で高知県、三重県と移転。三重県立上野中学卒業後、旧制第三高等学校から東京大学経済学科に入学。河合栄治郎の門下生となる。同大卒業後、三菱信託銀行に入社。46年成蹊高校教諭、成蹊大学教授を経て49年京都大学教授。70年防衛大学校校長に就任。78年平和・安全保障研究所理事長に就任。元日ソ専門家会議委員、元総合安全保障研究グループ座長。76年勲一等瑞宝章受章。著書に「ロシア革命史」「独裁の政治思想」「評伝吉田茂」など。

言うべきことは言い、武力を行使すべき時は行使する。そのためには法令の整備も必要だし、超法規的な行動をとる必要がないように、憲法も改正すべきだと思います」

〈自身の戦争体験は、大学卒業後、三菱信託銀行に勤めていた時期と重なる〉

「戦時中、三菱は戦艦大和や零戦を作っていましたが、当時三菱合資会社の社長をしていた三菱財閥四代目当主の岩崎（小弥太）男爵はいつも『三菱の人間は、生産、経済の分野で国家に貢献するのであって、政治には絶対に介入してはならん』と言っておられました。一番印象に残っているのは、開戦の日のこと。会社の幹部を集めて講話をされた中で、男爵は、自分は米英との戦争に対して、一貫して反対してきたけれど、こうなった以上、三菱人は生産と経済の分野において協力すべしと指示され、最後にこう言われた。『米英両国の人々とは三菱は創立以来、いろいろと援助をしてもらい、友好関係を続けてきた。開戦によって敵味方に分かれることになったが、我々三菱人は旧義を忘れるべからず。戦争は永遠に続くものにあらず。いつの日か必ず米英の友人と協力して人類の福祉と社会の平和のために貢献すべし』。ぼくは感銘しましたね。河合栄治郎先生も、この戦争は必ず極東の世界大戦になって、勝ち目はないといつも言っておられました。全く関係のない二人が同じことを言っていたことが強く心に残っています」

「岩崎さんでもう一つ感激したのは、東京空襲の時です。この時も社員向けに講話をされ、深い哀悼の意を表された後で、『戦争は永遠に続くものではないから、この期に及んでは諸氏は存養をむねとすべし』と言われたのです。当時、〝絶対必要員〟ということが軍人や一部の官僚の間でささやかれていました。食糧難のため、戦争を遂行するのに絶対に必要な人員だけを残して、あとの者は放棄するということです。ひどいことを言うなと思っていたのですが、岩崎さんはそれを、生き残れと言われた。ぼくは力を得ましたね。あの人はいい意味の〝国士〟でしたね」

若い人は世界を視野に

「政治家でもそうですね。一九七〇年ごろが境のような気がします。田中内閣の時だな。あれ以前の政治家は、池田とか佐藤とかも立派ですよ、吉田はもとよりね。だけど、近ごろの政治家は金もうけの手段でしょう。政治が本当に腐ってる。そういう感じがしますね。『家貧にして孝子あらわる。国破れて忠臣あらわる』っていうけど、たしかに明治維新のころは本当に忠臣、孝子があらわれた。高度経済成長で国がだんだん豊かになって、教育の根本の家庭教育がなくなった。これが一番の原因だろうね」

〈軍国主義の中学でさんざんいじめられ、そこから逃げ出すために猛勉強して京都の三高へ入る。だが、学生の町、京都の誘惑に勝てず、毎晩のように飲み歩き、一年の前半はろくろく学校へ出なかった〉

「前期の試験では、ドイツ語はすべて六十点以下。進級の見込みなしといわれました。でも、うちは父親が早く亡くなり、落第などしている余裕はない。それで奮起して、夜遊びをぶっつりやめ、半年間、独学でドイツ語を猛勉強。結局、四十人のクラスで進級できた二十八人中二十八番という低空飛行で何とか進級できました。でも、この時の独学でドイツ語の読書力が身につき、これがぼくの一

アメリカのコロンビア大学に1年間客員研究員として滞在中、江崎玲於奈氏（左）宅に招かれた猪木さん夫妻（1969年）

生の武器になりました」

〈二十一世紀のキーワードは〝国際競争〟であると強調。若い世代にぜひその力をつけてほしいと望む〉

「鎖国時代、日本は国際競争から身を隠していました。しかし、黒船が来て国際競争の世界に入り、アジアの国では初めて成功した。そこまでは良かったのですが、国際競争がいつのまにか軍事競争に曲がっていって、軍国日本が世界を支配するような錯覚を起こして、袋だたきにあった。戦後、その反動から、日本国民全体が国際競争を抜けて、空想的平和主義になってしまった。ぼくはこれを〝空想的平和病〟と呼んでいるんだけど、独善的で国際的視野を欠いているところが軍国主義と実によく似ている。

二十一世紀に日本が生き残るためには、もう一度、国際競争に勝たなければならない。世界の情勢を正しく見て、世界の国々と正しく伍《ご》していくためには、必要な軍事力も外交力もいる。日米安全保障を中心として隣の韓国や中国とも外交を保つようにして、その上で、科学技術の面で国際競争に勝つように頑張ってもらわんと。でも、いまの日本の若い人たちを見ていると、国際競争に勝てるかなと不安になる。韓国人の日本に対するあのひたむきな競争心はこわいようだし、中国人もなかなか優秀な民族です。国際社会で生き残ろうとしたら、ぼやぼやしてられません。そういう教育をしなきゃいかん。日本は島国であるせいもあるけど、世界のことを考えなさすぎると思いますね」

●聞き終えて

過激発言にも深み　いい意味の〝国士〟

黒いベレー帽に北欧調のカラフルなセーター。「若いころのあだ名がフルシチョフでしてね」と帽子をとってにんまり。

「世界の平和を脅かすものが三つある。軍国主義と共産主義、そしてもう一つが空想的平和主義」「平和を唱えてさえいれば実現すると考えている人が多いけど、冗談じゃない。平和というのは闘いとるもの」など、時に過激な発言の裏に、戦争を体験した世代ならではの深い思いがこめられている。「いい意味の〝国士〟」がここにも一人いた。

数年前に奥様を亡くされ、現在は京都市伏見区のマンションで一人暮らし。「ぼくは片づけるということをしたことがなくてね」と言われる通り、部屋の中は本や資料で足の踏み場もないほどだった。今年三月に回顧録を出す予定で、いまその校正に追われている。

週末は長男の武徳氏（大阪大教授）宅で過ごし、同じ人文系の学者の道を歩む息子と政治の話をしたり、時には高校生の孫の質問に答えて歴史談議をしたりするのが楽しみと語る。

座右銘は？と尋ねると、即座にダンテの『神曲』の中の言葉で『資本論』の序文に引用された「汝の道を行け。そして人々の語るにまかせよ」を原語のイタリア語で。「でも、それをするにはやっぱり自己責任ですから。絶えず勉強していかないと」との言葉に頭が下がった。

編集委員　音田昌子

（2000．1．8掲載）

探究心が学問的好奇心に

民族考古学者

國分直一さん

「わからないことがつらいんです。それを突き止めたいという気持ちが、学問的な好奇心になってくるんでしょうか。今でもこうして上着のポケットに、半分に切った大学ノートを突っ込んでます。疑問に思ったことを走り書きしたり、手紙や新聞の切り抜きを張り付けたりするんです。昨年末に報道された鹿児島県指宿市の水迫遺跡の記事には胸が躍りました。一万五千年も前の後期旧石器時代の竪穴住居群や道路、石器製作所がまとまって見つかり、すでに定住的な集落があったらしい。見に行きたいなあ。僕たちのころは、三千年ほど前の縄文時代後期までしかわからなかった……」

〈それまでうつむき加減の、にこやかだった視線が、指宿の話になった途端、遥《はる》か遠くを望むかのようにきりっと輝いた。小柄な全身が「好奇心の塊」と評された第一線のころの國分さんを思った。敗戦後も四年間、中華民国政府によって台湾に留め置かれる。台北師範学校教授だった國分さんのような日本人たちにいきなり引き揚げられると、教育が成り立たなくなると危惧《きぐ》されたらしい。一九四九年八月、ようやく迎えに来た商船大学の練習船「日本丸」で帰国が実現する。船上から、南端に指宿があるはずの薩摩半

こくぶ・なおいち

1908年（明治41）4月28日東京都港区で生まれる。半年後、郵便局勤務の父の転勤で日清戦争により日本の植民地になった台湾へ。33年京都大史学科を卒業し、台南の女学校教師に。43年台北師範学校教授。47年台湾大学文学院副教授。49年日本への帰還が許され、54年山口県下関市の農林省水産講習所（水産大学校）助教授、翌年教授。67年東京教育大教授、72年熊本大教授。74年から96年まで下関市の梅光女学院大教授、現在も同大学の地域文化研究所名誉所長として指導に当たる。94年南方熊楠賞受賞。主な著書に「東シナ海の道――倭と倭種の世界」など。

島が眺められたという〉

◆台湾時代が原点

「四本マストの帆船・日本丸で東シナ海を北上しながら、薩南の一角に生活するなら東シナ海北辺の調査上の拠点になるのではと思いました。台湾時代から取り組んできた原住民族や先史文化の研究地域を、東シナ海北域にまで進められたら倭の世界に立ち入れます。台北師範時代の先輩の紹介で、指宿の高校教諭になりました。熊本県城南町にある縄文後期の御領貝塚出土の黒色土器を見て中国・黄河下流域などの龍山文化（約四千年前）とのかかわりを疑い、東シナ海の沿岸文化を究めねばと痛感したのはそのころです。四十歳代後半からいくつかの大学の教授を歴任し、東シナ海を取り巻く環シナ海の民族文化、さらに東北・北海道やアイヌの民俗をも追跡し、東アジアの大陸や列島をつなぐ〝四つの地中海〟（オホーツク海、日本海、東シナ海、南シナ海）をめぐる問題を考えてきました」

〈かつて民俗学者・柳田国男が提唱した華南―台湾―日本の稲作黒潮ルート「海上の道」は否定されたが、國分さんは、粟《あわ》や芋などの「新・海上の道」を主張する。その視点は、柳田のように日本列島にあるのではなく、台湾など列島外に置かれる〉

「いま振り返っても、僕の原点は台湾時代にあったような気がします。先史遺跡で発掘した出土品の性格を知ろうと、原住民族の生活を現地調査するんです。そこから考古学だけでなく民族学や民俗学に広がっていったんです。とくに台湾では、山地村落に入れば様々な民族がいましたから。ところが、調べてみると彼らは十七世紀以降移住してきた漢民族から〝生蕃《せいばん》〟と呼ばれ、非人間的な扱いを受けています。平野部に住み漢民族文化を受け入れていても〝熟蕃〟と呼ばれ差別されます。彼らが人間として扱われるにはどうすればよいか。それには先史時代から彼らがどのようにして台湾に住み始め、現在のように分布するようになったかを突き止めることだと思い至りました。それこそが〝台湾の先輩〟としての彼らを明らかにすることですから。そんな僕の思いを学問的に導いて下さったのが、一九三六年から台北帝大医学部の解剖学教授を務められた金関丈夫先生でした」

〈金関先生は、現在、大阪府立弥生文化博物館長の金関恕《ひろし》さんの父に当たる。民族学・考古学者としても一流で、文学や芸術にも通じていた。絵心もあってユーモアにも富む。十一歳年下の國分さんを敬愛し、戦後一緒に台湾残留を命じられた時も、國分さんの妻子が日本で心配しているだろうからと、「國分先生行状絵巻」なるものを描いて送ってくれるような人だった〉

形式優先の風潮心配

「開明的で恬淡《てんたん》とし肝が据わってましてね。金関先生こそ明治人でした。戦時下の台湾総督府による皇民化政策で古来の習俗が排除され始めた時、伝統文化の意義を訴える運動として金関先生が創刊された雑誌が『民俗台湾』です。後に僕が携わった雑誌『えとのす』でも、先生のあの訴えを意識しました。だから四年前、東京の大学教授が著作で日本帝国主義下の台湾における民俗学のあり方を『民俗台湾』を通し批判された時には強く反論しました。

綾羅木郷遺跡の発掘現場で金関丈夫氏（右）と昼食をとりながらくつろぐ（1965年ごろ）

実証的に捕らえず、彼自身が才能にまかせて作った虚構の上で論じている。それでは困るのです。考古学では、台湾西海岸の貝塚から見つかる黒色土器が大陸系の〝黒陶〟と教えられたことが、後に御領貝塚での黒色土器の僕の追究にもつながりました。先生と一緒に山口県下関市の綾羅木郷遺跡で発掘した弥生前期の土笛〝陶塤《とうけん》〟は、中国河北地方の系統です。そこを経由し日本に伝わった稲作文化に伴うものと思います」

〈四年前の米寿まで、私学の現役教授として教壇に立った意気込みが伝わる話しぶり。米寿記念にと、門下生で熊本大学考古学研究室の甲元眞之、木下尚子教授らが、國分さんの業績をまとめた冊子「蒼海を駆ける」を出版した。〝東アジアの地中海〟をイメージした鮮やかな青一色の表紙が、國分さんの数奇な研究人生を象徴する〉

「昨年五月には、台湾の南部を再訪してきました。今も日本民族学会などいくつかの学会には出ています。年寄りを珍しがって何人もから言葉を求められますが、若い人へのアドバイスは苦手です。今の若い者は……、などと言われる方もいますが、僕から見れば、若い人もみんな自主独往で頑張ってますよ。ただ、世の中全体が昔と違って形式にこだわり過ぎ、実質を重んじる風が次第になくなっていくのが心配です」

●聞き終えて

自伝執筆中　みなぎる気力

面会したことのない人の名前に、強いイメージが付きまとうことがある。環シナ海民族文化研究の第一人者「國分直一」にずっと、黒潮でつながる南海の古代世界を思い、あこがれてきた。今回その願いがかない、二日間たっぷり話をうかがえた。

山口市内のご自宅を直接訪ねたかったが、「四間のうち三間までが文献や資料に埋もれ、残る居間まで占領されかかっていて、とてもお迎え出来る状態ではない」とのことで、両日とも近くの湯田温泉のホテルでのインタビューになった。

質問を受ける時は少し遠くなった耳をそばだて、瞳《ひとみ》が興味深げに動く。口調は訥々《とつとつ》としながら次第に熱を帯び、思わず引き込まれる。

生まれてすぐに移り住んだ台湾の風土が決して体に合ったわけではない。「暖湿な気候のため虚弱児でマラリアや肋膜《ろくまく》炎に苦しみ、東北の農家出身の父に〝飢饉《ききん》年のバッタ〟と呼ばれるほど痩《や》せていた」が、台北高校時代に登った山々で出会った先住民の社会に魅せられ、内地の大学を出た後、再び戻った。

一人娘の嫁ぎ先に近い現住地に夫人と移って二十六年。しかし、その娘・紀子さんを思いがけず失い、四年前には妻・一子《かずこ》さんをも見送った。「執筆中の自伝は大学時代にさしかかったばかり。まだ死ねません」と笑う顔に気力がみなぎって見えた。

解説委員　坪井恒彦

（2000．1．22掲載）

変化の経過こそ伝統

画家 杉本健吉さん

〈志賀直哉がかつて「新しい日本画」と評した特異な画風で作家活動を続けて七十五年。風景、仏像、人物とレパートリーは幅広く、ここ数年は〝世紀末シリーズ〟と称して、通勤の電車の中などで観察した現代の若者の風俗を追いかけている。茶髪で最新ファッションの女の子が並んだ「夏姿菩薩曼陀羅」、地下街で地べたに座りこむ若者を描いた「ジベタリアン」など……〉

「今の世の中を見ていると、情けなくなってくるね。とくに今の若者の方向が。自分というものがない。服にしても、化粧にしても、みんな流行の奇抜なスタイル。個性が悪いとは思わない。自由も結構。今ほど自由でいい時代はないよ。ただ、社会にはおきてというものがある。それを無視してはいけません。基本的な人間社会のルール、社会の中の自分をもっと考えんとな。これは今の政治家や役人などにも言いたいことだけど。地球と自分一人しかいないとみなが考えだしたら、これは恐ろしいことだと思うな。こんな気持ちで若者を描いているんだ。ぼくは絵を描くしか能がないから」

〈飄々《ひょうひょう》とした話しぶり。時折、いかにも楽しそうに声を立てて笑う。絵はパブリック

すぎもと・けんきち

1905年（明治38）9月20日、名古屋市で生まれる。23年愛知県立工業学校図案科を卒業後、岸田劉生の門下生となる。春陽会、国画会展で入選。戦後、東大寺の観音院に住みついて奈良を描く。老親と7人の子供を抱え、生活費は専ら観光ポスターで稼いでいた。50年吉川英治の「新・平家物語」の挿絵で、新天地をひらく。72年から日本の文化の源流を韓国、中国などに求め、毎年のように海外へ出ている。78年大阪・四天王寺太子絵堂の障壁画を4年がかりで完成。

87年名鉄会長の竹田弘太郎氏の厚意で愛知県知多郡に杉本美術館が開館。全作品を寄贈した。

な存在だという持論から、作品を売らない主義を貫き、〝画壇の奇才〟と呼ばれたことも。本格的に絵を描き始めたのは二十代になってから。ものがない時代で、油絵の絵の具は特配で手に入らず、仕方なく、奈良で墨を買いこんで、墨で描いていたと、当時を振り返る〉

「でも、そのおかげでぼくに新しい白黒の世界がひろがった。そしてそれが、雑誌などの小説の挿絵の仕事につながったのです。その一番最初が吉川英治さんの『新・平家物語』でした。

奈良は今でも大好き。ぼくにとっては〝第二の故郷〟みたいなものだから。初めて奈良を訪れたのは昭和十五年。戦後しばらく、東大寺の塔頭《たっちゅう》だった観音院の庭の土蔵をアトリエに改装してもらい、そこに寝泊まりしていた時期もある。当時の観音院住職の上司海雲師は大変な文化人で、作家の志賀直哉先生や歌人の會津八一先生にもここで出会い、挿絵を描かせてもらうようになった。写真家の入江泰吉や画家の須田剋太に出会ったのもこの観音院のつながりから。この二人がぼくの一番の友達でね。二人ともぼくと同じに頑固だったたな」

自己を曲げるのはいや

〈その頑固さは今も少しも衰えていない。昨年、新しくできた名古屋能楽堂の舞台の鏡板に松を描く仕事を頼まれて、老松ならぬ、若松を描いて物議をかもした。能舞台の松は神が老翁の姿で降臨したという春日大社の「影向の松」に由来するとされ、老松が

常識。その伝統をあえて無視した〉

「せっかく新しくできた能楽堂だから若松の方がいいだろうと、反対を押し切って描いたら、果たしてケンケンゴウゴウ。市議会にもその問題が出てね。能楽師からは完全に無視された。みんな、伝統というと、もうこれしかないという感じでカチンカチンになっちゃうんだな。でも、ぼくは伝統というのは変わるものだと思うし、変わるひとつの経過が伝統だと思っている。すもうの土俵だってそうだろう。昔は四本柱だったのが、今はない。日本の国技のすもうで、四本の柱を切ったということは、伝統に従って変化してゆくことが伝統なんじゃないかな」

「どんな時も、自己を曲げるようなことはしたくないね。ただ、ぼくは自分を芸術家だとは思っていない。芸術というのは、結果の呼び名であって、ぼくは自分を職人、アルチザンだと思ってるんだ。カメラの人だってそうでしょう。みんな立派な職人さんだよ。職人はプライドを持たなきゃだめなんだ。例えば大工は家を建てるのが仕事だけど、木を削るのも彼の一つの天職だ。だから、絵の具を使う場合にも、木を削るのと同じように喜びを持って描きたい。職人は材料を大事にするし、道具もいつでも使えるように手入れしておく。そういう心がけが絵描《か》きにも必要だね。

そりゃ、お金は欲しいよ。絵の具を買わなきゃ。でも、余分な金はいらない。金は銀行へ行けばいくらでもある。国を動かせるほどの金が。ぼくの金じゃないけど」

戦後、東大寺の観音院をアトリエ代わりに毎日奈良を歩きまわり、お寺や仏像の絵を描いていた（1947年ごろ）

遺作展を自分で見たい

〈素描第一主義。食事と入浴の時以外は絵を描き続けていたとも伝えられる〉

「それは伝説ですね。でも、短い鉛筆をいつも人さし指と中指の間にはさんで持っていたのは事実。それはいつでもすぐにデッサンできるようにと考えたからです。ご飯を食べる時も、鉛筆はそのままで、はしはここにこうはさむ。寝る時もはさんだまま。離すのはふろへ入る時ぐらい。だからここに、たこができてるでしょう。風景でも、仏像でも、見るものすべてを描いていました。生活即写生。理屈でなく、手に覚えさせようとしたんです」

〈美術館の中に、トンボやカエルなどの勲章を胸にたくさんつけた自画像があった。「あれは、ぼくが自然からもらった勲章なの。文化勲章なんかよりずっと上なんだ。すべての人に公平な自然のありがたさにもっと感謝しなくてはというぼくの気持ちを表しているんだよ」とほほえむ。自画像はその時々の日記代わり。最近、マスク（お面）作りにこっており、そのマスクを背景に入れた自画像を、目下制作中だ〉

「そろそろ、『遺作展』の準備を始めようと思ってます。ぼくは百八歳まで生きるつもりだからまだまだだけど、『遺作展』を自分が見たいんだ。百歳になったらやりますから、ぜひ見に来て下さい。西暦二〇〇五年です。やりますよ」

●聞き終えて

自由で気ままに生きる、北斎が理想

名古屋から名鉄知多線で約五十分。知多半島の先端に近い美浜町に、杉本さんが全作品を寄贈した杉本美術館がある。無人の駅から坂道を歩いて五分。伊勢湾を一望する館内の一室で、お話をうかがった。

　地下のアトリエが仕事場で、名古屋市内の自宅から、毎日、電車を乗り継ぎ、約一時間半かけて通ってくるのだという。この日も取材の直前まで絵を描いていたといい、ジーパンにエプロンという作業着姿で現れた。

　「頑固がぼくなんだなあ」と自分でも認める、頑固一徹な〝明治人〟だが、若者の風俗を追いかけたり、ヨーロッパの名画のモチーフを絵巻物風に表すなど、ざん新な感覚は年齢を感じさせない。書や木彫、陶芸など表現手法も広がる一方。陶芸は八十歳を過ぎて始めたと聞く。

　何でも描けた北斎をお手本にしたいと、自分で新しくつけた雅号が〝南斎〟。「北斎は、九十になったら何でも描けるようになりたいと希望を持って死んでいった。自由で気ままな彼の生き方が理想です」と語り、「杉本健吉、なんさい（南斎）？　九十四歳なんてね」と笑わせる。

　館内を案内していただきながら、約二時間のインタビュー。先生は、同行のカメラマンの仕事ぶりがいたく気に入ったようで、帰りぎわに、「あんた、いい棟りょうを連れて来たね」とうれしい賛辞をいただいた。

編集委員　音田昌子

（2000．2．12掲載）

地域の研究は住民の手で

民俗学者・元駒沢大学学長

桜井徳太郎さん

〈歴史学や民俗学を中心にした蔵書約三万五千冊を、住んでいる東京・板橋区に寄贈した。区は四月に開設予定の公文書館で「桜井徳太郎文庫」として公開する〉

「僕の仲間が『まだ早いじゃないか。学問を断念したんか』と、やや非難めいて言うんだ。そうじゃない。僕の発想は、地域の研究というのは、中央の学者ではなく、その地域の住民が主体的に取り組むべきだということです。そのためには、身近に研究資料があった方がいい。僕の持っている資料を役立ててもらって、古文書の読解力とか、文化財を見る目をレベルアップしてくれればいい。ヨーロッパの地方史研究ではね、職人さんら一般の人がものすごい研究をやっている。大学の先生も無視できません。日本はまだ官主導なんだよ」

「本がなくなると、寂しいよ。わが子を失った親のようなものだ。僕は研究をやめちゃうわけではないから、最初は僕も行って自分の本で勉強すると言ったんだ。でもね、公文書館に僕のボックスを用意してくれることになった。研究の場が、家からそこに行くのです。いますぐというわけにはいかないが、十分に独創的な論文を書きうる地域住

さくらい・とくたろう

1917年（大正6）4月1日、新潟県川口村（現川口町）に生まれる。新潟県高田師範、東京高等師範、東京文理科大（現筑波大）史学科と進み、44年同大卒業。戦後、文理大などを母体とした東京教育大文学部助手となり、柳田国男に師事。同大助教授、教授。東教大文学部の筑波移転に伴う閉鎖で77年退官、駒沢大教授。83年同大文学部長、86年学長。91年駒沢大を定年退職。この間、62年第1回柳田国男賞、81年紫綬褒章を受ける。現駒沢大名誉教授。

著書は「講集団成立過程の研究」「日本民間信仰論」「桜井徳太郎著作集」（全10巻）など多数。

逆引き広辞苑

民を育てていきたいね」

調査は信頼関係重要

〈桜井さんが地域を重視するのは、学んだ歴史学が文献だけでなく、地域にそくして、築きあげていくものだったから。それは、日本各地のほか、中国、韓国、台湾などでの民俗調査にも貫かれている〉

「初めて中国に行ったのは、一九八〇年かな。ようやく四つの近代化がいわれたころですが、文化大革命の余韻も残っていてね。シャーマン（巫女）の仕事をしている人に会いたいと言っても、呪術《じゆじゅつ》宗教が迷信とされているから、口をつぐんでしまう。毒にも薬にもならないような話しか聞けない。これには困った。ただ、一緒に行った運転してくれる人が現地の方でね。協力してくれ、やっと成功したんだ。政府のルートからだとダメだっただろうね」

「台湾では、まず葬儀屋に行く。お葬式を見せてもらうのです。日本でもイタコやユタらのシャーマンが一番、登場するのはお葬式の時です。必ず死んだ人の霊魂の口寄せを聞くから。台湾でも同じだろうと思った。葬儀屋へ行くというと、同行した人がびっくりしちゃって。こういうことは向こうの大学の先生も知らないんだ。台湾の大学の先生が知ってることを聞いて、報告しても意味がないでしょう」

「調査では、相手に信用してもらうことが重要です。あの人は絶対に大丈夫なんだという信頼関係、人間関係が大事。敗戦直後は米をしょって、暑いさなかを歩いて、そして、泊めてもらって。沖縄のユタのところに行った時には、非常に気脈が通じてね。二晩、三晩と泊まりました。で、その後も長い付き合いをしてね。それが、僕の沖縄シャーマニズム研究の大変な資料となった。そんな経験があるから、民族が違っても、通訳を入れてでも、こちらの誠意がわかってもらえたんでしょうね」

〈長年の宗教民俗の研究を通し、オウム真理教、ライフスペース、加江田塾など、最近のカルト集団の出現に注目する〉

「既成宗教がマンネリ化して体制化し、宗教本来の使命をはたさないような状況になっています。人を精神的に救済してくれるのが、宗教でしょう。宗教者でしょう。ところが、その使命を忘れている。自己開発というか、自己反省というか、たえず自分ははたして正しいのか、という反省がないといけないんじゃないでしょうか。そうなれば、既成教団も生命を持続すると思いますよ。それを宗教者がやらないから、カルトが出てくるのだよ」

「二十一世紀は宗教が最も大事になってくる時代じゃないですか。飽食の時代だからこそ、満たされないものもある。そんな時に、世俗とは別の、聖の世界に行くのです。関東の奥秩父にある昔からの霊場、三峰山に登ると、空気が清浄でね。一晩泊まると生き返ったようになります。景色がいいと思うだけじゃダメなんで、空気にふれて、ああこれだなと、精神が洗われる気持ちになるか、ならないかだね。また、そうならせるようにするのが宗教なんだ」

休みになると、全国に民俗調査に出かけていたという（東京・御蔵島で、1956年7月）

力引き出す巧妙な方法

〈桜井さんを民俗学の道に導いたのは、師の民俗学者、柳田国男だった〉

「先生は教えるとか、権威ぶらないの。そして、新人を歓迎する。初対面の人からもいろいろと引き出して、本人が関心を持っていることを研究させようという指導法だった。とっても巧妙でね。先生が伊勢神宮で民俗学の立場から伊勢信仰について講演したの。その速記があったけど、難しい言葉が一杯出てくるから、体をなしていなくってね。桜井君、ちょっとと言うんだ。速記の不明の部分を埋めてくれと。これには弱った。いろいろ勉強して、持っていったら、そのまま神宮司庁の機関紙『瑞垣《みずがき》』に載ったんだ。自信がついたよ。先生が保証してくれたと。穴埋めという課題を命じることによって、力をつけさせたんだね。師匠として弟子を育てる一つの方法じゃないかな」

●聞き終えて

師への恩返し、今も研究に意欲を燃やす

「桜井のアイデンティティーは地域にあると言ってもいい」と、自らを分析するように、小学校時代から先生の影響で地理や歴史の好きな子供だった。

大学では教授だった肥後和男のざん新な古代史にひかれた。古事記や日本書紀より、「風土記」を重視、皇国史観の時代に「スサノオノミコトは山の神」と教えられ、衝撃を受けた。その後、柳田国男との出会いがあった。

「本当にいい恩師にめぐまれた」と振り返る。少しでもその恩返しをという思いがあるから、蔵書を寄贈することで地域の人に研究資料として役立ててもらおうとし、いまも民俗調査に出かけることに意欲を燃やしているのだろう。

お会いした翌日、まな弟子の民俗学者、宮田登さんが亡くなった。「両手をもがれたようなショックでね。我々の次の世代のリーダーだった。彼がいる限り、民俗学は大丈夫だと思っていた」と、早過ぎる死を悼む。「でも、彼の残した業績を若い諸君が継いでくれるよう、僕も老骨にむち打って頑張るよ」

桜井さんが目指すのは、柳田民俗学を発展させ、東アジア漢字文化圏などとの比較を通して日本固有の文化を客観的に見ていくこと。それをシャーマニズムと神道とのかかわりなどで明らかにしようとする。桜井民俗学の集大成に期待したい。

論説委員　永井芳和

（2000．2．26掲載）

科学の発達にも倫理必要

「藤居本家」代表

藤居静子さん

〈江戸時代から代々続いた造り酒屋の女当主。旧民法では女性は家業を継ぐことができず、一時は医者を志して東京女子医学専門学校に進むが、臨床医には不向きと悟り、卒業後、人間の脳の働きを研究するために、京都帝国大学の生理学教室に入る。だが、二年後に父親が急死。婿養子では酒造業の免許が下りないため、〝戸内婚姻〟という形で、先に実家と養子縁組した相手と結婚して、のれんを守る〉

「うちは女の子ばかりでしたので、二女だった私は小さいころから『この子は家をつぶすつもりで生まれてきたのか』などと、よく陰口をたたかれました。父親が亡くなった時も、これで店がつぶれるだろうとやめた杜氏《とうじ》もいて、新酒の味をみる七月の飲みきりの時に検査すると、二つあった蔵のうち、新しく来た杜氏が造った酒が全部腐っていた。当時は、女が酒蔵へ入ることは禁止されていましたが、さいわい細菌学の知識があったため、顕微鏡で調べてお酒を腐らせる黴菌《ばいきん》を選別。こうじ菌や酵母だけ残して悪い菌を排除することに成功し、二年後には全国のコンクールで優等賞をもらえるまでになりました」

ふじい・しずこ

1911年（明治44）3月14日滋賀県愛知郡の造り酒屋に生まれる。27年に東京女子医学専門学校（現在の東京女子医科大学）へ入学。卒業後、脳の中枢生理学の研究の第一人者だった京都帝国大学の石川日出鶴丸教授の教室の女性初の門下生となるが、父親の急死で35年に実家に戻り、結婚して家業を継ぐ。2男4女を育てながら県の教育委員など多くの公職を引き受け、女性の地位向上に貢献。経済同友会の第1号女性会員。96年から母校東京女子医科大学の第1生理学教室の研究生となり、東京と滋賀を往復する生活を続けている。

〈夫は学究肌で商売は苦手。「酒を造る方は任せる。おれは飲む方に徹するから」と言われ、酒造業の方は専ら静子さんが中心となって頑張った〉

「女人禁制の蔵の中に入っていくにはそれなりのやりかたがある。それは、女子医専の校長だった吉岡弥生先生から教えてもらいました。決して（男性に）たてついてはいけない。争ってはいけない。相手を上手に立てながら、何とか協力してもらうように。男社会の中で、日本初の女性のための医学校を始めた先生の体験から出た助言だったのでしょう。先生は、婦人参政権運動にも熱心でしたが、女医の必要性を説く時も、『男がこうだから』と批判めいたことは決して言われず、女の医者がやるべきことは、病気にならない状態をつくることであり、生命に関する責任は女がより多く持たねばならないと強調されました」

全国初の女性知事候補

〈女性の参政権が認められたのが、昭和二十一年。「この機会に進んで立候補しよう」と同窓生の中からも檄《げき》が飛んだ。だが、当時すでに四人の子どもがいて、家業も忙しい。結局、「当選しないなら、出てもいい」との夫の許しを得て、地元滋賀県の知事選に出馬。官選から民選に変わった最初の年で、全国初の女性候補として騒がれた〉

「出ることに意義があるという思いが強かったのですが、『女だてらに知事とは何だ』と男の記者にさんざん非難されまして。でも、結果は落選でしたが、一万七千票を獲得できた。それだけ大勢の人がいれてくれたと思うとうれしかったですね」

〈よくそんな度胸があったと周囲から驚かれたが、「多分、十六歳の時から人体解剖をやってきたおかげ」と振り返る〉

「人間の頭の骨を、顔に足かけてノコギリで切っていくのね。すると、解剖係の用務員さんが、その割れた部分に水を汲《く》んできて飲めという。『女が医者になろうと思ったら、それぐらいの度胸がないとだめだ』と。また、生理の時でも解剖中は、十時間ぐらい手当てもできません。今のように生理用ナフキンなんてないから、血が足を伝わって流れ落ちてくる。そんな状態で解剖をするのですから、生きてる人がこわいとは全く思わなくなりました」

〈戦後は多くの公職を務め、地域のために尽くした。県が顔料工場を誘致する計画を知り、工場排水から有害物質が琵琶湖に流入する可能性があると、計画を中止させるように尽力したことも。それがきっかけで県の環境問題審議会が誕生した〉

「ただ、教育委員として、GHQ主導の戦後の教育改革に協力したことだけは後悔しています。家族制度を廃し、倫理や道徳、宗教など、精神的な教育をすべて古いと切り捨ててしまったことが、今日の教育の荒廃を招いたと思うから」

20世紀は極楽と地獄

〈昔の教育は、〝心〟を重視した。女子医専では、まず『論語』を読まされ〝医は仁術〟であると教えられた。京都帝国大学でも、西洋医学の勉強と並行して『国訳大蔵経』を読まされ、何千年も昔のインドの思想の奥深さを知った〉

東京女子医学専門学校時代に学友たちと（中央が藤井さん、1927年ごろ）

「例えば『大蔵経』には、元素よりさらに小さいものがあり、それが爆発する時は宇宙が消滅するほどの事態になると書かれているという。昭和二十年にそれが現実になった時は本当にびっくりしましたね。

地獄と極楽についても、地獄とは人間の一番いやなところ、極楽とは人間がかくありたいと希望するところだとある。極楽の境地とは、まさに現代の私たちの生活です。私たちの子どものころは電灯もなかったことを思うと、科学の世紀、二十世紀に生きて、極楽の暮らしを体験できたことは本当に幸せだったと思います。また、それが何千年も前の人間の頭脳活動によって予告されていたことにも驚きますね」

「でも、二十世紀を生きた私たちは、極楽も味わったけれど、地獄も味わった。科学文明を発達させたのが人間の頭脳なら、原爆やサリンをこしらえたのも人間の頭脳。科学の発達が悪い方へいかないようにする〝倫理〟といったものが必要でしょう。

考えてみると、現代の生活は、コンピューターやテレビ、電気冷蔵庫から自動車や飛行機まで、ほとんど〝無生物の箱〟に頼っている。でも、コンピューターはインプットしたものしか覚えられないし、連想することも忘れることもできない。人間の頭脳の方がずっと素晴らしい能力がある。第一安上がりです。せっかく何十万年もかかって進化してきた人間が〝無生物の箱〟によって抹殺されるような事態にならないよう、生物が主体性をもって地球を破壊から守り、世界中の人が平和で楽しく暮らせる世の中を、みんなの知恵でつくりあげていかないと」

●聞き終えて

おっとりした物腰にりんとした気品

近江は昔から酒造りが盛んな地だが、「藤居本家」は創業百七十年の伝統ある造り酒屋。古くから新嘗祭《にいなめ》のお神酒を宮中や神社に献納してきた歴史があり、昔ながらの土壁の酒蔵は、NHKの連続テレビ小説「甘辛しゃん」の撮影にも使われた。

和服姿で出迎えてくれた六代目の女当主は、おっとりとした物腰の中にりんとした気品が漂う。「男でも女でも酒蔵さえ建ててくれればいい」と言った祖父の言葉を忘れず、独学で建築を学んで、総けやきの酒蔵など二十三棟の建物を自らの設計で建てたという。「人ができることで自分にできないはずがない」が信条と。

戦後まもなく、滋賀県の知事選に出た話にも驚いた。選挙演説のために木炭車を一台借り、屋根にラウドスピーカーを積んで、一週間かかって琵琶湖を一周したという。交流用のスピーカーをつなぐ電灯線を借りに行った先で、「あんたに貸したら、村八分になるわ」と言われたこともあると振り返る。今年、大阪府に全国初の女性知事が誕生したが、ここまでくる道のりの遠さを改めてかみしめた。

もう一度脳の勉強をしたいと、四年前から母校の研究室に通う傍ら、米寿の祝いに孫たちから贈られた中古のピアノで〝九十の手習い〟にもただ今挑戦中。痴ほうにならずにどれだけ長生きできるかを、自らの体で実験中だ。

編集委員　音田昌子

（2000．3．11掲載）

国が滅びる時は言葉から

作家
川内康範さん

「『月光仮面』は、憎しみ合うのはもうやめようという気持ちで書いた。昭和三十年代に入り、経済的に復興してきて、学歴偏重の優等教育の兆しが見えてきてね。こりゃまずい、心の方を大事にしなきゃと。発想は仏の教え、月光菩薩の慈悲から取っている。子供向けといっても、大人に対するテーゼなんだ。月光は正義そのものではない。正義の助っ人。みんなが助っ人になっていけば、世の中は良くなっていくよ」

〈昭和五十九年、グリコ・森永事件で青酸菓子ばらまきの恐怖が広がる中、一億二千万円を出すから犯行を中止するよう犯人グループ「かい人21面相」に呼びかけた〉

「とにかく無殺傷で終わらせたかった。無殺傷は『月光仮面』のテーゼ。事件は時効となった。月光のモチーフ『憎むな、殺すな、赦《ゆる》しましょう』ということだ」

〈函館の寺に生まれる。作家を志し、職を転々、差別や暴力の横行を見る。無一文で上京、血を売って本を買うなどし勉強〉

「小学生のころ、母がお米やいろんな供物をためては、僕に大きな包みを背負わせて、今でいうホームレスの人たちのたまり場を訪ね、『ただ黙って皆さんにお渡しなさい』

かわうち・こうはん

1920年（大正9）2月26日、北海道函館市生まれ。高小卒。数々の職業に就きながら独学。41年（昭和16）、戯曲「蟹と詩人」、小説「おゆき」で作家デビュー。「愛怨の記」で福島県文学賞。海外抑留者家族の実態を描いた「生きる葦」を発表。雑誌に恋愛小説を書く傍ら、映画やドラマの原作、脚本を手がけ、多くのスターを育てる。58年、テレビ映画、漫画で「月光仮面」が大ヒット。60年、「誰よりも君を愛す」で日本レコード大賞。「花と蝶」「おふくろさん」なども作詞。戦後、海外同胞引き揚げ、遺骨収集などの運動を進める。政治評論家としても活躍。

と教えた。『仏様の教え』だと」

「夕張炭鉱では朝鮮人がたくさん働いていて、実に悲惨な生活をしていた。その様子を書いた日記を警察に押収され、アカだと言われて三日間ぶち込まれた。それで十七の時に東京へ。雪の中を青森から線路伝いに歩くが、凍えてしまい、上野行きの列車に無賃乗車した。車掌に事情を話すと、見逃してくれ、上野の駅長も『一生懸命勉強して、お金ができたら返しに来なさい』と励ましてくれた。人情が身にしみたよ」

〈昭和二十一年、ＧＨＱの通達に背き、「特攻隊は犬死ににあらず」の視点から戯曲「遺書」を上演したが、禁止され、身柄を拘束された。戦争の悲惨さを痛感し、天皇に戦争責任ありの立場から、タブーとされた天皇論を展開、隠れ左翼と言われ、民族派から狙われたことも。引き揚げ者や外地の遺骨収集のために自費で奔走する〉

「沖縄戦の映画を作ろうと、摩文仁《まぶに》の洞窟《くつ》に入ったんですよ。まさに死屍《しし》累々。頭蓋《がい》骨の一つを拾い上げた。重いんですよ。どしーっと。その重さは、耐えきれない哀《かな》しみとなって僕にのしかかってきた。泣いたよ。亡くなった人たちの哀しみであり、残された者の哀しみ。それで遺骨の収集運動を始めたんだ。あの戦争で何百万の人が死んだ。『何のために、だれのために死んだのか』。その上に構築された今の日本じゃないですか。それを忘れちゃいかん」

文化の一流目指せ

〈ヒット曲「君こそわが命」で水原弘、「骨まで愛して」で城卓矢を再起させた〉

「昭和四十一年の全日空機羽田沖惨事。遺族は腐乱して骨が見える遺体を抱きしめて泣いていた。現場でその尊い姿を見て、人間の真実の愛だと思った。それで『骨まで愛して』という小説を書き、そのテーマを詩にしたんだ。『おふくろさん』は、僕の母と森進一の母親をダブらせて作った」

「言葉を大事にしたい。言葉には色があり、匂《にお》いがある。今、正しい日本語を使った歌謡曲、売れてないでしょ。十六、七の子の歌ばっかり。何歌ってんだかわからない。ただリズムだけ。国が滅びる時は、言葉から乱れていくんです。経済大国になったといっても、一番大事なもの、何も誇りがないじゃないですか。テレビも低劣な番組が多過ぎるよ。面白がって見る国民も国民。いかにモラルを喪失してるかだな。この国はこれからもっともっと下がって、経済三流、文化一流にならなきゃいかん」

「文化で欧米に見習うべきは何かというと、生まれた時から神を持っていること。神の教えを。それがボランティア精神になってくる。阪神大震災の時、だれに言われなくても自らの判断でかけつけた青年男女がいるでしょ。彼らが救いなんだよ。弱者に対する救済。報酬を求めない献身だ」

〈テレビ番組「まんが日本昔ばなし」を監修する〉

「昔の日本には温かい人がいたんだということを残したかった。今は飽食の時代。金さえ出しゃ、何でもある。余りゃ、捨てちゃう。心なんかありっこないですよ。今の若者たちに一番肝心なことは、親に対して孝、友に対しては愛情を持って接すること。そういう志がないじゃないですか。日本はど

ヒット曲「おふくろさん」の歌碑の除幕式で、歌手の森進一さん（左）と（1999年10月、鹿児島県下甑島で）

こへ行こうとしているのか。政治家もマスコミも知らしてないでしょ。何でもかんでも経済だ。先端技術だとか、遺伝子工学だとか。クローンまで作って。神に対する冒涜《ぼうとく》ですよ。畏《おそ》れを知る人間でありたい。今の残虐な犯罪。昔はないですよ」

人の痛み知り助け合う

「昭和二十年の八月十五日。終戦じゃない。敗戦記念日だ。正しく認識すればね。終戦は、二十六年にサンフランシスコ条約が結ばれ、独立した時。そこで初めて憲法を作るんだよ、本当は。が、占領下で憲法を持ってしまった。それが過ち。あの戦争は単なる侵略だけで片付けられたら困るんだ。アジアの多くは欧米各国によって大航海時代から植民地にされ、あの戦争で独立したんだ。先進国は環境破壊の加害者。CO_2の排出削減にアメリカは調印しない。核軍備は人類の敵。核廃絶の問題でも調印しないじゃないですか。国連も崩壊しつつあるわけよ。アメリカにハイジャックされて。日本には金だけよこせでしょ。戦争は絶対にしちゃいかん。ただし、自国の防衛は自分たちの命をかけて守らなければだめだ。日米安保なんて役にたちませんよ」

「政治家が悪い、という。主権在民なんだから。選ばれた側の功罪を問うだけでなく、選んだ側の功罪を問わなければ、日本はだめになります。人の悲しみや痛みを知り、助け合う。共生の時代にしなくちゃ」

●聞き終えて

やっつけなきゃいけない悪多過ぎる

私の小学生のころの超スーパーヒーローといえば、「月光仮面」にとどめをさす。月よりの使者・正義の味方。その生みの親と、東京・港区のホテルで、約一時間のインタビュー。国士の風貌《ふうぼう》。眼光鋭く、激烈な康範節は健在だった。

作家、作詞家、脚本家、評論家……幾つもの顔を持つ。侠気《おとこぎ》のある一匹狼《おおかみ》。自称、俗徒。雑犬無頼派。文化やくざとも。普通にはなかなか理解し難い人物だが、生き方としては、ずっと筋を貫いてきたことがわかる。

二十三年前、堕落していく日本に絶望し、原稿も書物も捨てて、胸の病を抱えて渡米。そこで運命の女性、妻のクリスティーナさん(50)に出会う。彼女の献身愛に亡母を見て、「余命をこの世の不条理に叩《たた》きつけよと　私の背中を押している」(詩集「憤思経」)と詠んだ。

二年前、潰瘍《かいよう》で胃を三分の二切った。酒はやめた。クリスティーナさんと青森県三沢市に住む。東京に事務所を置き、飛行機で月に何度か往復する。生涯助っ人。昨年末にはエッセー集「月光仮面　最後の警告!!　アメリカよ驕《おご》るな!!」を出した。

「腐敗政治。経済や教育。核廃絶の問題。やっつけなきゃいけない悪が多過ぎるよ。大忙しだ。あんたらマスコミがしっかりしなきゃ」。そう言って、疾風《はやて》のように去って行った。

編集委員　加藤　譲

(2000. 3. 25掲載)

あとがき

本書は、読売新聞大阪本社版の夕刊で九六年四月から九八年三月まで連載した『明治人——言っておきたいこと』の続編、『明治人大正人——言っておきたいこと』（九八年四月から二〇〇〇年三月まで連載）を再録編集したものである。

連載を開始した時期は、ちょうどバブル経済が崩壊し、日本が急速におかしくなったころ。これから日本はどうあるべきかを考えるために、日本を近代国家に仕上げた明治の気骨と倫理観に学ぶべきものがあるのではないかということで、明治、大正、昭和、平成と四代を生きてきた人生の先輩に直接インタビューし、聞き書きの形でまとめる企画がスタートした。連載の最初の二年分をまとめて、東方出版から同名で出版した後、対象を大正人にまで広げて連載を続けてきたが、二十世紀最後の年に、文字通り〝二十一世紀へのメッセージ〟として、続編を出版するはこびとなった。

取材の対象を大正人にまで広げたのは、現在も元気で活躍されている〝明治人〟は、ほとんどが明治の終わりに生まれた方で、物心ついて育ったのは大正時代。人生の先輩に話をうかがうという趣旨からいっても、あえて〝明治〟にこだわることもないだろうと考えたため。一応「八十歳以上」を年齢の下限として、大正人にも登場願うことにした。前シリーズより、平均年齢が若くなった分、まだ現役でバリバリ活躍中という方が多く、取材対象も、芸能界から財界、スポーツ界、芸術・文学、自然科学分野など多岐にわたる。登場した「明治大正人」たちは、序文で川村邦光氏が書いておられるように、いずれも〝個性ある生業を通して己が道を歩んできた〟人生の達人ぞろい。前のシリーズ同様、信念と心意気にあふれ、かつ謙虚で礼儀正しい方ばかりで、そのみごとな「老いの入り舞い」ぶりに尊敬の念をいだかずにはおられない。

本書の取材は加藤譲、中沢礼次郎、松本弘、蔵楽知昭、簗山弘、坪井恒彦、永井芳和、音田が分担し、写真は深沢満が担当した。いずれも五十代を超えたベテラン記者だが、取材先でこちらの年齢を尋ねられ、「お若いのね」と言われて思わず苦笑したこともあった。たしかに、取材を担当した記者から見れば、ちょうど父母か祖父母にあたる世代。新聞に記事が出てからも、元気でおられるだろうかと、いつまでも気にかかる。残念ながら、連載中に鬼籍に入られた方も何人かおられるが、その一方、元気で講演などに飛び回っているとうれしいお便りをいただいたり、個展の案内や出版した本を送って下さる方もある。連載終了直前の今年三月には、本書に登場する美学者の寺尾勇さん(90)が、『大和路幻想』と題して同じ東方出版から本を出版された。大和の風土を愛し、飛鳥の保存運動に深くかかわってこられた寺尾さんが、大好きな大和の古寺に、日本の近代小説に登場する理想の女人像を重ねて訪ね歩く異色のルポ。これがおそらく自分の最後の本になるだろうからと、装丁などもすべてご自身の希望を通されたと聞く。「明治、大正、昭和と三代を経て、日本人が受け継いできた〝良い遺産〟がみな消えてしまった。

モノや金でなく、目に見えないものをもっと大事にしないといけない」と言われた寺尾さんの言葉を思い出しながら、大勢の先輩たちからの〝メッセージ〟を、こんどは私たちが次の世代に伝えてゆかねばならないと、その責任の重さを痛感している。

二〇〇〇年三月

編集委員　音田　昌子

明治人・大正人

2000年7月15日　　初版第1刷発行

編　　者　　読売新聞大阪本社
発行者　　今　東　成　人
発行所　　東　方　出　版　㈱
〒543－0052　大阪市天王寺区大道1―8―15
安田生命天王寺ビル
☎ 06-6779-9571　振替　00940-9-20522
造　　本　　濱　崎　実　幸
印刷所　　亜　細　亜　印　刷　㈱

落丁・乱丁本はおとりかえいたします。　ISBN4－88591－670－4